# CONTRAPRESTAÇÃO SALARIAL
# DO EMPREGADO NA INVENÇÃO

**Luciano Viveiros**

*Bacharel pela PUC/RJ. Mestre em Direito Econômico pela Universidade Cândido Mendes. Professor da UERJ, FGV, UCAM, FACHA e Fundador da Escola Superior de Advocacia da OAB/RJ. Advogado Trabalhista e Consultor de Empresas no eixo Rio-SP.*

# CONTRAPRESTAÇÃO SALARIAL DO EMPREGADO NA INVENÇÃO

Editora LTr
São Paulo

Dados Internacionais de Catalogação na Publicação (CIP)
(Câmara Brasileira do Livro, SP, Brasil)

Viveiros, Luciano
   Contraprestação salarial do empregado na invenção / Luciano Viveiros. — São Paulo : LTr, 2010.

   Bibliografia.
   ISBN 978-85-361-1492-7

   1. Contraprestação salarial 2. Contrato de trabalho 3. Invenção 4. Propriedade industrial — Leis e legislação I. Título.

10-00173                                                        CDU-34:331.215

Índice para catálogo sistemático:

1. Contraprestação salarial do empregado na invenção : Direito do trabalho

*Produção Gráfica e Editoração Eletrônica:* **RLUX**

*Capa:* **FÁBIO GIGLIO**

*Impressão:* **COMETA GRÁFICA E EDITORA**

© Todos os direitos reservados

**EDITORA LTDA.**

*Rua Jaguaribe, 571 — CEP 01224-001 — Fone (11) 2167-1101*
*São Paulo, SP — Brasil — www.ltr.com.br*

LTr 4148.8                                                      Março, 2010

*Dedicatória*

*A Arthur Lago e Remi Francisco de Paula* (in memoriam),
*colegas na produção de remédios para um laboratório de produtos*
*farmacêuticos, que descobriram soluções para várias doenças*
*e se aposentaram, relativamente, pobres.*

*Agradecimentos*

*Manoel Messias Peixinho, pela sua providencial e valiosa orientação na tese de mestrado que resultou nesta obra.*

*Ao Professor Aurélio Wander Bastos, que sempre me cobrou titulações e produção literária.*

*Aos colegas Alexandre Ruy Barbosa, João Theotônio Mendes de Almeida, Rubens Komniski e Luciano Bravo, por estarem sentados ao meu lado todo esse tempo.*

# SUMÁRIO

Nota do autor .................................................................................. 11

Introdução ....................................................................................... 15

1. Legislação do trabalho, novos paradigmas e liberdade contratual ............... 19

2. Legislação da propriedade industrial e suas contradições ..................... 45

3. Lei da propriedade industrial e a legislação do trabalho — conflitos e perspectivas ................................................................................ 55

4. Invenções decorrentes do contrato de emprego ................................... 59

5. Breves indicações ao direito comparado e a jurisprudência ................... 78

Conclusão ........................................................................................ 85

Referências bibliográficas ............................................................... 89

Anexos ............................................................................................. 91

# NOTA DO AUTOR(*)

## PRÉ-SAL E LEI DE PROPRIEDADE INDUSTRIAL

Em consequência da interpretação paradoxal da Lei de Propriedade Industrial no que concerne aos inventos não pertencerem ao autor se extraídos no decurso de um contrato de emprego e, consequentemente, pela ausência de comando legal expresso na CLT ou pela omissão do legislador em discutir com mais propriedade questão tão delicada e controvertida, é cada vez mais necessária a introdução de norma protetora que defenda a inteligência humana e incentive o intelecto dos que pretendem criar e inventar no País.

O advento das novas descobertas do pré-sal (petróleo), gás e biocombustíveis, somado à implantação dos polos de inovação que tomaram de assalto o Brasil nos últimos anos em face de uma incomensurável fonte de recursos minerais disponíveis e, por consequência, acentuada carência de capital humano com capacidade de administrar esses ecossistemas disponibilizados pela natureza, implicam importante lição de casa: o País será impingido a assumir a responsabilidade de explorar esses recursos e disponibilizá-los para a humanidade, mas terá de assumir seu papel de nação desenvolvida e capaz de utilizar sua própria mão de obra nessas atividades.

Hoje, o Brasil não dispõe de condições técnicas, intelectuais nem logísticas para se empenhar nesta delicada pesquisa. Ademais, vê seus cientistas evadirem-se para outros países na busca de melhores salários e condições de trabalho.

Assim, irá deparar com um processo de inevitável colapso caso não tome — imediatamente — iniciativas necessárias à criação de um grande sistema nacional de qualificação de recursos humanos e recuperação dos profissionais que perdeu durante os vários anos de estagnação econômica e regimes populistas, militares e neoliberais ineficientes.

---

(*) Matéria extraída, na íntegra, do Caderno Cidade Aberta do *Jornal do Brasil*, publicado no dia 17 de agosto de 2009.

Será necessário criar uma nova ordem educacional capaz de oferecer ao mundo a certeza de que o País estará disputando a condição de desenvolvido e preparado para recepcionar os avanços decorrentes dos "novos paradigmas do trabalho".

Isso nos permitiria dividir com EUA, Europa, Canadá, Japão e outros asiáticos as benesses decorrentes de um país de primeiro mundo. E, só por meio de um novo pacto estabelecido pela sociedade, governo, investidores e sócios de mercados globalizados, o Brasil poderá superar os desafios para construção de uma renovada casta de "iluministas" capazes de escrever um novo capítulo da história na direção de um futuro próspero e sustentável.

Não há justificativas que possam superar a ausência de um preceito legal para defender e manter uma nova concepção dos "iluministas contemporâneos" para enfrentar os desafios tecnológicos que nos esperam.

Se houve um interesse econômico maior e capaz de permitir que o empregado inventor não tivesse direito a receber uma obrigatória bonificação pela sua capacidade criativa, certamente, soçobraria diante dos mais novos desafios que o País atravessará no campo das pesquisas, descobertas e demais frentes de desenvolvimentistas no campo tecnológico. Esse futuro próspero se construirá, principalmente, pela capacidade intelectual dos brasileiros, que serão submetidos ao constante e renovado conhecimento das mais desafiadoras e inovadoras fontes de recursos e de inúmeras máquinas e equipamentos utilizados, principalmente, para extração dos recursos naturais resultantes da grande biodiversidade acolhida em nosso continente.

Esses novos paradigmas do trabalho correspondem ao desenvolvimento humano e à qualificação de mão de obra para enfrentar os desafios. Porém, se há uma legislação capaz de negar as elevadas preposições de reconhecimento da capacidade criadora e inventiva do ser humano, para remeter a um determinado empregador o singular bônus resultante da criação e da invenção, sem dúvida, aqueles que estiverem vinculados à máquina produtiva e nela atuando como empregados, jamais, se sensibilizarão em contribuir com criatividade caso esta não seja recompensada dignamente.

Entretanto, fruto de um considerável sistema vetusto e contraditório, construiu-se uma legislação (Lei da Propriedade Industrial) que, em 1979, não vislumbrava essas novas imposições nem mesmo seria capaz de absorver esse modelo flexível de contratação e os novos conceitos de pactuar para que as partes pudessem obter vantagens produtivas. O mesmo ocorre em outra legislação de 1943 (CLT), na qual nem mesmo havia a indústria reconhecida como importante meio de produção. Em ambas as legislações, não se verificam prospecções capazes de promover o intelecto como mola propulsora do desenvolvimento.

Portanto, elas precisam de mudanças imediatas e consideráveis para evitar a evasão dos valores humanos e do capital intelectual agregado.

E, para que a mudança seja capaz de delinear um novo modelo de estímulo à invenção, caberá à produção legislativa editar projeto de lei no sentido de redimensionar uma contraprestação decorrente do contrato de emprego aos inventos criados no ambiente de trabalho, capaz de referendar a manutenção dos empregados para contribuir em favor do capital produtivo.

Desta união também deve restar consignada a vontade constante e perpétua de promover a criação que – por diante – passaria a ser premiada pela forma mais justa e moral de reconhecimento, de natureza salarial, em favor das pesquisas e da exploração das fontes de recursos materiais e minerais indispensáveis à sobrevivência dos seres humanos, sempre, favoráveis ao desenvolvimento da capacidade intelectual dos próprios brasileiros.

O País precisa tomar medidas a impedir a fuga de cientistas e técnicos.

# INTRODUÇÃO

A obra jurídica em evolução que se intitula *Contraprestação Salarial do Empregado na Invenção* surge em decorrência das atividades vinculadas a propriedade intelectual, inovação, desenvolvimento social e econômico que se inferem na necessária intervenção do poder público para promover a estabilidade econômica em face da ausência de lei e dos conflitos legislativos existentes que provocam o debate do tema para incentivo ao processo produtivo e intelectual do país.

Em consequência da carência de comando específico na Lei de Propriedade Industrial — em especial — no que concerne à inexistência de premiação ao autor de invento extraído no curso do contrato de emprego, consequentemente, da ausência dessa mesma prerrogativa no Texto Consolidado (CLT), causada por decorrente e proposital omissão do legislador em discutir questão tão relevante, por si, motiva-se a presente investigação no sentido de direcionar pesquisa que permita subsidiar possíveis alterações do processo legislativo ou negocial no intuito de introduzir proteção à inteligência humana para defesa dos que pretendem exercitar a invenção no País em consonância com as linhas de pesquisa direcionadas para inovação e ao desenvolvimento que se traduzem no liame de natureza jurídica.

A vinculação existente entre a inovação tecnológica e o Direito do Trabalho constitui o objeto central do trabalho. Neste diapasão, o advento das novas descobertas do pré-sal (petróleo), gás, biocombustíveis e da implantação dos polos de inovação que tomaram o Brasil nesses últimos anos, oportunidade em que se verifica uma inusitada fonte de recursos minerais disponíveis para exploração e, por consequência, em confronto com acentuada carência de capital humano com capacidade de administrar esses ecossistemas oferecidos pela natureza. De qualquer sorte, o País será impingido a assumir a responsabilidade de explorar esses mesmos recursos e disponibilizá-los para a humanidade, mas antes terá de utilizar sua própria mão de obra no desenvolvimento das atividades de caráter tecnológico. Questiona-se: nossa mão de obra é bem remunerada o suficiente para cumprir essa tarefa com qualidade e eficiência? Será possível conter a evasão dos cientistas brasileiros para outros países da Europa e EUA na busca de melhores salários e condições de trabalho?

Verdadeiramente, o País se depara com um processo de inevitável colapso caso não tome — imediatamente — iniciativas necessárias para a criação de diferenciais que possam permitir a qualificação dos recursos humanos empregados, como também promover a recuperação dos profissionais que restou perdendo para o mundo moderno durante os vários anos de estagnação econômica que sucederam por regimes populistas, militares e neoliberais ineficientes. Por outro prisma, não há justificativas plausíveis que possam desculpar a ausência de um preceito legal ou de meios negociais que defendam as próximas gerações de "iluministas contemporâneos" para enfrentar os desafios tecnológicos que se afiguram presentes. Porquanto, se há interesses econômicos envolvidos que possam ter induzido ao legislador ignorar que o empregado inventor não tivesse direito a receber uma obrigatória bonificação pela sua capacidade criativa quando extraída do pacto laborativo, certamente, esses mesmos interesses cairiam por terra diante dos mais novos desafios que o País atravessará no campo das pesquisas e nas frentes desenvolvimentistas naturais.

Os estudos que garantiram a presente obra evoluíram pela necessidade de conhecer os novos paradigmas do trabalho e a autonomia contratual de natureza negocial adotadas pelo mundo moderno, mister porque correspondem ao interesse do desenvolvimento humano e da qualificação de mão de obra para enfrentar os desafios tecnológicos que nos serão impingidos pelas nossas próprias descobertas, cada vez mais constantes e rotineiras. Também, pelo reconhecimento da capacidade criadora e inventiva do ser humano para remeter a um determinado empregador o singular bônus resultante da criação e da invenção a todos que estiverem vinculados à máquina produtiva. Ainda, pela necessidade de encontrar meios de contribuir com a criatividade, considerando-se que esta não seja muito bem reconhecida e recompensada como se esperava. Pela lógica, porque fruto de um considerável sistema vetusto e contraditório construiu-se uma legislação que, em 1979, não vislumbrava essas novas imposições nem mesmo seria capaz de absorver esse modelo flexível de contratação e os novos conceitos de pactuar para que as partes pudessem obter vantagens produtivas. Ainda, porque decorrente de uma legislação de 1943 na qual nem mesmo havia a indústria reconhecida como importante meio de produção de um país que, vivenciando questões extraídas das atividades braçais e de determinadas profissões hoje extintas, não havia prospecções capazes de promover o intelecto como mola propulsora do desenvolvimento e, portanto, sujeitas a mudanças imediatas e consideráveis para evitar a evasão dos valores humanos e do capital intelectual agregado; e por todos os meios de conhecimento doutrinário e jurisprudencial, bem como a legislação alienígena que informasse melhores condições de trato ao tema que motivou a pesquisa para escoar em soluções legislativas ou negociais para cumprimento dos interesses teleológicos da obra.

Os métodos dedutivos e indutivos aplicados foram frutos de análises profundas a legislação vigente, jurisprudência dominante, direito comparado e acervo bibliográfico atualizado que nos ofereceram oportunidade singular de promover comparativos, mas, principalmente, conjeturar diante das lacunas que se apresentaram durante os estudos de composição deste processo dissertativo de natureza jurídica e econômica.

E, como fruto deste trabalho que visa elucidar o mote desenvolvido, também, para que a mudança seja capaz de delinear um novo modelo de estímulo à invenção, coube promover um elo entre a produção acadêmica e o processo legislativo que permitisse a elaboração de um projeto de lei capaz de traduzir os interesses envolvidos em perspectivas reais, no sentido de oferecer uma espécie de "contraprestação compulsória" decorrente do contrato de emprego e que o invento criado nesse ambiente possa referendar a manutenção dos empregados que desejam contribuir com esse tipo de capital intelectual em favor do capital produtivo, bem como dessa união possa restar consignada a vontade constante e perpétua de criar e inventar que — por diante — possa ser premiada pela forma mais justa na forma de moeda de troca entre as fontes indispensáveis para sobrevivência humana pela manutenção da capacidade intelectual do País, ambas, de caráter patrimonial.

# 1. LEGISLAÇÃO DO TRABALHO, NOVOS PARADIGMAS E LIBERDADE CONTRATUAL

Em face dos movimentos ascendentes, que deram origem às legislações trabalhistas pelo mundo — em regra —, essas leis se caracterizaram pela sua coexistência diante de uma história social marcada pela luta de classes e com trabalhadores apoiados por suas dignas representações sindicais e vinculados à defesa dos interesses envolvidos pela coexistência com indústrias, comércio e outras atividades produtivas — sempre — arregimentando grandes massas de trabalhadores em torno de um só direito.

Há que se refletir sobre essa questão da escravidão no Brasil, consciente que aqueles movimentos foram propostos por uma elite intelectual que focalizava o aspecto humano e a posição de inferioridade em que essa condição impingia ao Brasil diante de outros países civilizados com quem mantinha fortes laços de natureza comercial. Denota-se que as raízes desses referidos movimentos datavam de 1823, com a proposição de José Bonifácio, a primeira constituinte nacional e que a abolição da escravatura não teve, salvo na economia dos escravos, repercussão nacional de caráter político ou social. Considerado como ato de generosidade da Princesa Isabel, resultou mais de seu coração humanitário e da ação de alguns oradores e escritores, do que pressão da opinião pública que, definitivamente, não chegou a se contaminar pela campanha abolicionista e salvo as conjecturas sentimentais mencionadas à parte.

Mais na frente, com o surgimento da República, os debates sobre a ordem social significavam mais um reflexo de interpretações sobre o mundo europeu do que a observação de fatos ocorridos no Brasil. Mas, se considerarmos o crescimento industrial, faria sentido o desajustamento entre as condições normais de vida do trabalhador com aquelas a que ele deveria ter direito. Na época, não havia o espírito de classe e, ainda, não se viam concentrações de população operária em movimento. As reivindicações que surgiam, isoladamente, fruto de agitações provindas do anarquismo, agitavam a sociedade local. Já, no regime imperialista e até mesmo nos tempos do Brasil-Colônia, surge legislação com dispositivos e conteúdo de caráter trabalhista, mas nada considerado como fonte de nossa vigente legislação, ainda, porque não se denota nenhuma vinculação com as leis atuais.

Ainda, bem no início da República, com referência aos atos do Governo Republicano e aos projetos de leis, afirma-se que eles começaram a demonstrar o reflexo de problemas vividos dentro de nossas fronteiras — ou seja — estávamos diante de um país eminentemente agrícola, cujos projetos tratavam do trabalho na agricultura. Apenas verifica-se um ponto isolado sobre locação agrícola que foi vetado pelo Presidente em exercício à época, Manoel Vitorino Pereira, que previa indenização no caso de despedida injusta decorrente desse tipo de conduta específica.

Em qualquer exemplo de sociedades civilizadas, as atividades humanas que decorrem de trabalho se exercem sob o regime de pactos, ou seja, de obrigações de *dare* e *facere*. A intervenção do Estado na formação dos contratos de natureza privada restringe a liberdade e a atividade individual nas suas mais elevadas e constantes manifestações. É a capacidade de limitar o livre exercício das profissões, garantidas em toda a sua plenitude por qualquer governo ou país do mundo, com a exceção dos regimes autoritários. O papel do Estado, em países democráticos, se restringe a assistir à formação dos pactos entre interesses privados e só intervir para assegurar os efeitos e as consequências destes no mundo jurídico. Nesse diapasão, o Estado não limita nem diminui sua capacidade restritiva ou intervencionista, apenas amplia a ação da liberdade e da atividade individual com a garantia dos seus efeitos diante da ordem social. Na esteira dessa capacidade de contratar sem a interferência do Estado, em 1889, surgem os primeiros vínculos legais nesse sentido com a determinação do Ministro da Agricultura, Demétrio Ribeiro, que restaria firmando a concessão de quinze dias de férias aos ferroviários da E. F. Central do Brasil. Em 1890, com o Decreto n. 1.162, era garantida a liberdade de trabalho. Logo, com o Decreto n. 1.313, o Governo instituíra para a Capital da República a fiscalização permanente dos estabelecimentos fabris onde trabalhassem menores e registraria a duração do trabalho em sete horas prorrogáveis até nove para os menores de 15 anos.

Ao tempo, tornaram-se constantes essas intervenções e surge o primeiro projeto de lei de acidentes do trabalho que garantia indenizações em dobro para patrões que não tinham aparelhos protetores nas suas fábricas. Em 1905, o Deputado Inácio Tosta apresentou um projeto de lei sindical, fixando o sentido do que seria sindicalismo. Logo, em 1911 surge norma que recepciona empregados do comércio como pobres com direito a uma assistência judiciária própria. E, na mesma esteira das atividades de comércio, era fixado em doze horas do horário diário dos empregados daquela categoria. Ainda, vedava o trabalho aos domingos e feriados e o repouso semanal "seria de vinte e quatro horas seguidas, desde sábado até ao domingo. Posteriormente, via-se o primeiro princípio de direito ser acolhido ao firmar que não é lícito renunciar direitos estabelecidos pela lei quando em hipótese alguma seria dispensado o repouso semanal, mesmo quando o empregador desejasse dispensar voluntariamente o empregado", segundo um dos coautores da CLT — o histórico e lúcido *Arnaldo Süssekind*[1]. Depois se verificava ilegal o trabalho dos menores de 10 anos e o trabalho noturno proibido aos menores de 18 anos. Por fim, nota-se que o Código Civil (1916) de *Clóovis Bevilácqua* dedicou apenas vinte e dois artigos para assuntos decorrentes do trabalho, então, denominados como "locação de serviços".

Ao tempo da Primeira Guerra Mundial (1914/1918), via-se um desejo de ressalvar a importância das massas operárias e os poderes captados pelo proletariado quando se unia para defesa de suas reivindicações. Sabe-se que a revolução militar na Rússia, sob a tutela de Vladimir Ilitch Lênin, restou classificada de convulsão social e emitiu sinal de alerta ao mundo ocidental pelas condições que se faziam presentes e diante dos interesses das classes trabalhadoras envolvidas.

O Brasil entrava na era da industrialização e sob o domínio e formação de empresas e da consequente diminuição das atividades ligadas à agricultura, portanto, com maiores aglomerações de contingente laboral num mesmo espaço, as classes operárias ganhavam experiência necessária para o enfrentamento coletivo diante de quaisquer dificuldades impostas pelo capital organizado. Diante desses referenciais, em meio a crises políticas, em 1926 a Constituição vigente recepcionou comando que determinava a competência privativa do Congresso Nacional para legislar sobre relações de trabalho. Nessa mesma época, as questões de ordem social começavam a se fazer mais presentes e com a composição do Governo Provisório sob a chefia de Getúlio Vargas, foi criado o Ministério do Trabalho, Indústria e Comércio. Ali, oportunamente, se presenciou a necessidade da elaboração das leis de ordem social e sob o comando de Lindolpho Collor iniciou-se a execução de medidas destinadas a introduzir uma legislação especial que pudesse atender aos interesses de ordem econômica e social, então, respaldados pelo proletariado que seria beneficiado e que, por consequência, apoiando as medidas tomadas por Vargas que eram destinadas ao proporcional crescimento do país. Em seguida, foi criada a Justiça do Trabalho, abalizada pela Constituição de 1934, e só em 1939 foi organizada e instalada em 1º de maio de 1941 em todo o território nacional, reconhecida pela Constituição de 1946 como parte integrante do Poder Judiciário.

Ocorre que o Ministro Marcondes Filho designou comissão para elaborar uma legislação trabalhista própria e foram designados *Luiz Augusto de Rego Monteiro, Arnaldo Süssekind, Dorval Lacerda, José de Segadas Vianna* e *Oscar Saraiva* como responsáveis pela elaboração do projeto que resultaria

---

(1) SÜSSEKIND, Arnaldo; MARANHÃO, Délio; VIANNA, Segadas; TEIXEIRA, Lima. *Instituições do direito do trabalho*. São Paulo: LTr, 2005, v. I.

na criação da Consolidação das Leis do Trabalho — CLT, que, consequentemente, foi aprovada pelo Decreto-lei n. 5.452 e que até a presente data regula as relações individuais e coletivas do trabalho. O presente Texto Consolidado e outras legislações adjacentes normatizam as atividades laborais vinculadas no País e, em se tratando de lei especial, tem ascendência sobre as demais legislações gerais.

Com o advento da Emenda Constitucional n. 45, promulgada em 31 de dezembro de 2004, e na esteira das interpretações doutrinárias de vanguarda, a Justiça do Trabalho será competente para julgar ações decorrentes das "relações de trabalho" e não só as oriundas das "relações de emprego", sob protestos de correntes opositoras ao alargamento do papel dessa justiça especializada. A singela colaboração para elucidação dessa polêmica parte do interesse de oferecer informações capazes de permitir entender quais os verdadeiros precedentes de bônus ou ônus que a Justiça do Trabalho passou a assumir após essa ampliação da sua competência. Quanto à relação de trabalho autônomo e à relação de consumo, pela exegese do art. 114, I, CRFB (empreitada, locação de mão de obra, prestação de serviços, etc.) e estendido aos empreiteiros, operários ou artífices (art. 652, alínea *a*, III, da CLT). Neste item, vale ressalvar que o TST já se manifestou favorável ao reconhecimento de sua competência para julgar a cobrança de honorários advocatícios. Em outro diapasão, há controvérsias sobre a possibilidade de haver reconvenção que discuta a relação de consumo fruto da relação de trabalho, na própria Justiça do Trabalho, oportunidade em que o réu (cliente) que não pagou pela prestação do serviço realizada pelo prestador de serviços (autor) alegar em sua defesa a existência de vícios decorrentes do consumo, ou seja, do trabalho realizado. Nestes casos, entende-se que a condenação do cliente (réu) seria inevitável, mas a reconvenção por parte desse mesmo cliente (agora, autor) com suporte na tese de que o serviço não foi prestado a contento e passível de vícios, certamente, tomaria o rumo da Justiça Comum pela ineficiência do magistrado trabalhista em apurar questões conclusivas prescritas no Código de Defesa do Consumidor, então, submetidas ao juizado competente (Comum).

De qualquer sorte, todos os títulos que se firmam diante de contratos de emprego e das relações de emprego em sentido estrito serão subordinados à CLT e estarão sujeitos às apreciações da Justiça do Trabalho, que, além da competência para julgar e processar dissídios individuais e coletivos decorrentes da relação de emprego ajustada entre empregado e empregador, recentemente, foi agraciada pela Emenda Constitucional n. 45/2004 para recepcionar as controvérsias oriundas da relação de trabalho, ou seja, do trabalho em sua concepção de gênero como entende *Carlos Henrique Bezerra Leite*[2].

---

(2) LEITE, Carlos Henrique Bezerra. *Curso de direito processual do trabalho*. 7. ed. São Paulo: LTr, 2009.

Enfim, das querelas que se firmam sob a égide de contratos de prestação de serviços em regime de autonomia, terceirizados, eventuais, avulsos e até de profissionais liberais que promovam atividades singulares e não vinculadas a pessoas jurídicas que exerçam ou empreguem pessoas e sobre elas possibilitem a subordinação como veremos mais à frente ao tratar da competência para as lides decorrentes das invenções durante o pacto laboral.

Contudo, atualmente, não se pode olvidar que é do interesse geral discutir os possíveis impactos provocados pelo cumprimento rigoroso da legislação trabalhista ante a correlação entre nível de emprego e crescimento econômico em face de crise econômica mundial. Com objetivo de quantificar essa afirmativa dentro deste contexto contemporâneo, adentra-se no mote acompanhado dos vários países centrais e latino-americanos que já atestavam crescentes taxas de desemprego diante da globalização que evidencia uma tendência estrutural deficiente e nítida no quesito qualificação de mão de obra e proteção ao emprego.

Com exceção ao agravamento do desemprego nos Estados Unidos e Reino Unido, também da Europa (principalmente, da Espanha) há pelo menos duas boas razões para esse desempenho haver diferenciado — simplesmente — pela condição de economia hegemônica e porque são líderes do processo de inovação tecnológica que, ao que se apresentam, lhes ofereceu melhores condições de atenuar os impactos negativos no mercado de trabalho por meio de uma significativa expansão das ofertas de emprego no setor de serviços. Nesse interregno, a pouca rigidez de seu mercado de trabalho e a fragilização do seu esquema sindical permitiram uma redução das remunerações médias ao contrário da grande maioria dos países europeus onde os sindicatos lutaram pela manutenção de salários e benefícios, causando impactos negativos na geração de empregos. Considera-se, também, que esse período coincidiu com uma forte incorporação da mulher e de jovens ao mercado de trabalho, fazendo acentuar o crescimento e pressionando as taxas de desemprego.

No entanto, diante dos atuais infortúnios por que passa a economia norte-americana, fruto da quebra de várias empresas vinculadas ao sistema imobiliário e financeiro, o problema da pobreza é um grande desafio sem solução. Por consequência, registra-se um forte aumento do desemprego que, desta vez, não levou à redução de pobreza e da desigualdade, pois os supostos benefícios resultantes da maior economia do mundo, ainda, não chegaram aos mais pobres e, surpreendente, a expansão econômica está associada com crescimento do número absoluto de pobres.

O relacionamento entre crescimento e distribuição de renda é muito complexo e obscuro. Em tese, os salários crescem rápido numa economia em expansão, mais que outros componentes da renda. Acontece que a distribuição de renda das pessoas é determinada por forças de mercado e, também, pelas políticas que governos adotam para dirigi-la. Mas renda ainda é, basicamente, um fenômeno econômico. Dar trabalho à população significa tornar sua vida melhor, mas isto não significa seja verdade em se tratando de tratativas em médio prazo, porque várias instituições de amparo não mais funcionam nos EUA e o governo tem enorme dificuldade de substituí-las. Qualquer debate sobre políticas de bem-estar começa com o reconhecimento de que uma nova ordem econômica, social e ética está instalada. A busca de colocação para milhões de pessoas de baixa qualificação quando o mercado de trabalho reduz sua demanda e seus salários parece inviável e inconsistente com a nova realidade. No caso norte-americano, em especial, a referência para a renda do trabalho não qualificado passa a ser vinculada ao trabalhador clandestino ou o preço da mão de obra dez vezes inferior ao salário-hora formal nos EUA.

Nesse diapasão, verifica-se que os bens de consumo nos EUA são oriundos de países cuja mão de obra é quase escrava, tal qual experiências resultantes dos asiáticos que, por lá, exploram ao máximo a relação capital e trabalho mesmo se autointitulando combativos comunistas ou socialistas. Fruto dessa experiência, em qualquer parque da *Disney* encontram-se produtos com selo *"made in China"* ou *"made in Vietnã"* que fazem parte da relação de consumo americana e que podem atestar a falta de interesse do país em produzir esses elementos em larga escala, contrapondo-se com as benesses de uma mão de obra barata que, por consequência, vincula a baixa de preço dos bens para um padrão aceitável de consumo.

O primeiro responsável por essa situação foi a mudança na demanda de trabalho não qualificado, com a automação radical, que jogou os salários para baixo. Também, estendido ao caso das mulheres que, sempre, ganham na média 30% menos que os homens. O resultado dessa evidência foi menos renda familiar para os mais pobres e, pior, quanto mais baixo o nível de escolaridade, maior foi a perda. O fato é que a demanda por emprego de baixa renda vem se reduzindo em passos largos, e aquela que sobra tem os imigrantes, clandestinos ou não, como candidatos.

Essas conjecturas restam afigurando que o crescimento econômico não mais será um instrumento afetivo contra a pobreza no futuro próximo. Somente empregos não mais serão suficientes para minorar a miséria. Assim, demanda-se na Índia, cuja população está em torno de um bilhão e 200 milhões de habitantes e têm-se legislações insólitas que asseguram aos "moradores de rua" (*homelessness*) a possibilidade de adentrar prédios e outros públicos para pernoitarem tranquilos. Hoje, aquele país tem um percentual altíssimo de pobres e índices assustadores de pessoas que vivem abaixo da linha da pobreza em condições subumanas. Surpreende que ali se verifique a existência de um novo "Vale do Silício". Qualquer um asseguraria ser um fenômeno decorrente da mão de obra barata, entrementes, incapaz de compreender que na Índia há um mercado consumidor de meio milhão de pessoas, claro, excluindo-se aqueles que fazem parte dos altos índices de pobreza mais que, em face do acentuado número de habitantes, podem oferecer uma razoável condição de consumo aos países que ali desejam investir.

No que concerne à correlação entre crescimento econômico e geração de empregos, as pesquisas efetuadas confirmam que o único caminho garantido para minorar o aumento do desemprego ainda é o crescimento econômico, ressalve-se, que não tem sido suficiente para garantir índices crescentes de emprego.

Nos exemplos do Brasil, Argentina e México que são, profundamente, atípicos em função da emergente situação econômica, interessa uma análise sobre o efeito dos processos de globalização e das mudanças do trabalho porque como "países em desenvolvimento" a inserção no processo de globalização é inevitável e, também, por constituírem-se em mercados importantes para bens de consumo durável, equipamentos e serviços que se incorporam à lógica das grandes corporações transnacionais e, salvo políticas extremas de isolamento, são diretamente afetados nesses processos de crescimento e desenvolvimento social e econômico pela concepção de *Celso Furtado*[3].

Decorrente do crescimento acelerado do PIB ou sua manutenção em patamares exemplares diante dos países mais desenvolvidos e dos interesses internacionais vinculados, verifica-se uma forte alta de empregos industriais e um considerável crescimento de postos de trabalho aos serviços em geral, observe-se, setor em que o informal é mais típico. Essas conclusões devem ser relativizadas pela tendência recente de investimentos nas atividades industriais, visando atender às demandas internacionais e, principalmente, do nosso próprio mercado consumidor. As atuais condições sindicais e salários mais favoráveis ao empregado têm sido a tônica do crescimento econômico do Brasil nesses últimos anos. Não se pode olvidar que as políticas atuais foram construídas e estabilizadas pelos governos anteriores de Itamar Franco e Fernando Henrique Cardoso, ainda assim, a tendência geral e as conclusões básicas se mantêm para a evolução da distribuição das pessoas empregadas nas metrópoles e uma importante transformação com o salto nos serviços e o crescimento do setor industrial que por haver reestruturado seu parque fabril, hoje, colhe frutos desses investimentos.

Na necessidade de realizar uma abordagem que justifique o entendimento da mudança de paradigma do emprego no Brasil, é a análise desta evolução por tipo de ocupação que se evidencia, também, na explosão do trabalho

---

(3) FURTADO, Celso. *O capitalismo global*. São Paulo: Paz e Terra, 1998.

informal ou flexível nas metrópoles brasileiras. Enquanto isso, trabalhadores sem carteira vão de um modesto crescimento para um salto de 60% de integrantes no mercado formal de empregos. Este movimento significou, nos últimos anos, um acréscimo de 1,5 milhão de postos de trabalho no setor formal, segundo dados do DIEESE (Departamento Intersindical de Estudos e Estatísticas Socioeconômicas). O fato é que, como consequência da forte tendência de flexibilização introduzida na economia brasileira pela abertura econômica acelerada, o mercado de trabalho se transformou profundamente, com decorrentes alterações de natureza psicológica e social.

Ocorre que estudos atestam que a flexibilização do trabalho vem sendo acompanhada de uma forte tendência para "precarização" e, porque não, no sentido de uma "primeirização". Ocorre que os trabalhadores perdem suas funções no setor formal e mergulham no setor informal, consequentemente, a renda média sofre uma queda expressiva e cria-se a insegurança com relação ao futuro e a sua proteção social. E esse comportamento parece revelar que o crescimento do trabalho em tempo parcial resta precarizando o trabalhador formal, ainda, sujeito às contribuições sociais do empregador e, sempre, às voltas com as questões trabalhistas decorrentes das suas insuficientes condições laborais. Já, quanto à primeirização, que decorre das péssimas condições em que foram contratadas as prestações de serviços, também, se constituem em um fenômeno absorvido na atualidade por grandes empresas, por exemplo, a Petrobras, que se desliga de interpostas pessoas que produzem nos limites das atividades-meio para integrar a estrutura organizacional da empresa com sua própria prestação de serviços e não mais terceirizada.

Sobre este tema, vale um rápido estudo que se remete por uma singela elucubração aqui aposta como um parêntese. Conquanto a Carta Política de 1988 e suas consequentes emendas constitucionais tragam em seu texto expressões de valorização do trabalho humano, busca do pleno emprego e outros princípios concernentes aos direitos sociais e à proteção do empregado, não é tarefa das mais fáceis a realização, mediante o direito do trabalho, do socialmente desejável, pois só se pode fazer o economicamente possível.

O direito, por ser uma ciência social e dinâmica, está em constante ebulição. O direito do trabalho, mais que qualquer outro ramo das ciências jurídicas, sofre influência das mudanças e das transformações verificadas no campo econômico, social e político. Nascido numa época de prosperidade econômica, caracterizada por certa estabilidade das relações jurídicas, concebeu-se a intervenção do Estado como um meio de elaborar um regulamento detalhado das condições de trabalho, a fim de forçar as partes a buscarem a solução dos seus conflitos. O resultado dessa intervenção é a característica básica da regulamentação das relações de trabalho. A heterorregulação, que provoca a rigidez da legislação.

O direito do trabalho foi construído, tradicionalmente, a partir do chamado emprego típico (trabalho assalariado, vínculo contratual firme, tempo indeterminado, carreira, etc.), considerando que o empregado dependa do salário para viver. Observe-se, tal critério é falho porque se baseia em um elemento extrajurídico e poderá ocorrer de o empregado possuir capacidade econômico-financeira e não necessitar de seu contrato de trabalho para sobreviver como assevera Alice Monteiro de Barros[4].

No entanto, a realidade atual não é mais a mesma dos anos 40, quando foi promulgada a CLT. Tal legislação foi norma. O Brasil, não fugindo à regra geral como no mundo inteiro, sofreu transformações no mercado de trabalho pós-guerra, e no nível de desemprego e desequilíbrio da economia, propiciando o aparecimento do mercado informal de trabalho que, em regra, é constituído pela força de trabalho dita excedente, em função da pequena oferta de empregos. Releva observar que dados estatísticos apontam um índice bastante elevado da população economicamente ativa, que integra este setor produtivo.

A crise econômica dos anos 80, causada pelo choque dos preços do petróleo que assolava diversos países na Europa, bem como no Brasil, provocou o surgimento de novas formas de contratação geradoras de relações de trabalho atípicas. Assim, o contrato por tempo determinado deixou de ser exceção, admitindo-se vários contratos intermitentes, de temporadas, contratos de formação, contratos de estágio, e antecipou aposentadorias com base nos estudos de Gilberto Dupas[5].

É em função dessa realidade cambiante, contraposta com a rigidez da legislação, que surgiu na Europa um movimento de ideias, que cada vez mais ganha novos adeptos: a flexibilização. Trata-se de um processo de quebra da rigidez das normas, metodicamente, tendo por objetivo conciliar à fonte autônoma com a fonte heterônoma do direito do trabalho e como escopo a saúde da empresa e a continuidade do emprego.

Entende-se que a flexibilização é elemento de proteção, de adaptação e de desregramento. A flexibilidade de proteção visa a uma combinação das normas heterônomas e autônomas em sentido favorável aos trabalhadores. A flexibilidade é de adaptação, através de disposições *in pejus*, como estratégia sindical em face das dificuldades ou da crise econômica, buscando preservar os interesses dos assalariados.

---

(4) BARROS, Alice Monteiro de. *Curso de direito do trabalho*. 5. ed. São Paulo: LTr, 2009.
(5) DUPAS, Gilberto. *Economia global e exclusão* — pobreza, emprego, estado e o futuro do capitalismo. São Paulo: Paz e Terra, 1999.

A flexibilidade de desregramento consiste na quebra da rigidez da legislação do trabalho, considerada pelos empregados como economicamente nefasta, portanto contrária ao interesse de todos os assalariados, um obstáculo à geração de empregos.

Nesta modalidade de flexibilização, surge a terceirização. Concorre com uma alternativa de flexibilidade empresarial. Atualmente, define a prática adotada por empresas ao contratar terceiros, setores da atividade da empresa não diretamente vinculados à sua atividade-fim (a produção de bens e serviços que constituem o seu objeto primordial).

A Constituição de 1988 adotou a tese da flexibilização, porém de forma tímida e sob tutela sindical (art. 7º, incisos VI, XIII e XIV, e art. 8º, inciso VI, da CRFB), por vezes delegando a participação de trabalhadores e empregadores em colegiados que tratem de interesses profissionais ou previdenciários, livres, para discussão e deliberação. Assim, assegura meios de permitir o trato das relações de trabalho em reuniões preliminares, evitando a rigidez das normas trabalhistas (art. 10 da CRFB).

A CLT e a já cancelada Súmula n. 256 do TST apresentam-se refratárias à tentativa de flexibilidade e compõem-se com óbice à terceirização visto que declaram ilegal a contratação do trabalhador por empresa interposta, formando o vínculo empregatício diretamente com o tomador dos serviços, exceto nos casos regulados pela Lei n. 6.019/74 (trabalho temporário) e pela Lei n. 7.102/83 (serviço de vigilância). Entrementes, a Súmula n. 331 do TST assegura "a contratação irregular de trabalhador, através de empresa interposta, que não gera vínculo de emprego com órgãos da Administração Pública Direta, Indireta ou Fundacional (art. 37, inciso II, da CRFB), bem como dos serviços de conservação e limpeza e outros especializados, ligados à atividade-meio do tomador, desde que inexistente a pessoalidade e a subordinação direta". Assevera que o inadimplemento das obrigações trabalhistas, por parte do empregador, implica a responsabilidade subsidiária do tomador dos serviços quanto àquelas obrigações, desde que tenha participado da relação processual e conste também do título executivo judicial.

Juslaboristas, como *Arion Sayão Romita*[6], afirmam que a terceirização é uma realidade indubitável. Ela se mostra como consequência da evolução da economia mundial.

A tendência à flexibilização, com as devidas cautelas, não é justificada apenas pelas causas econômicas, mas também pela introdução de novas tecnologias na empresa. Observa-se o campo da informática e da robotização,

---

(6) ROMITA, Arion Sayão. *Os direitos sociais na Constituição e outros estudos*. São Paulo: LTr, 1991.

que provoca a passagem da era industrial para a pós-industrial, com a consequente expansão do setor terciário e podendo exigir a revisão de condições de trabalho, inclusive nas pequenas e microempresas que não podem utilizar tecnologia mais sofisticada e necessitam da flexibilização para assegurar a própria sobrevivência.

A tese da flexibilização enfrenta, entre outros problemas, o da compatibilidade com o princípio da norma mais favorável ao trabalhador. Verifica-se a partir da natureza cambiante da realidade econômica, na qual uma norma pode ser socialmente aceitável num período de abastança, entretanto absolutamente prejudicial e nociva dentro de uma sociedade com crise de emprego.

A flexibilidade, como técnica gerada no seio da crise das sociedades modernas, pode desempenhar papel de relevo na solução dos problemas emergentes, remexendo em velhas ideias e estruturas, como também no rastro da modernidade, que parece ser a vocação do direito do trabalho. Porém, deve-se estar atento aos abusos que devem ser reprimidos e às fraudes que não podem jamais prevalecer.

Dar um passo em direção à modernidade, sem dúvida, registrará mais um avanço no trato das relações de trabalho. A flexibilização deve servir como instrumento de solução para os entraves entre patrões e empregados, preservando a dignidade da expressão laboral de responsabilidade mútua.

Todavia, após essa breve incursão ao tema, resta cristalina a capacidade de empregados e empregadores ajustarem seus interesses sociais e econômicos dentro de condições adversas que, com eficiência e crescimento moral, podem surpreender com resultados positivos diante do revés em tratar de relações de trabalho, independentemente, do que está ajustada por lei.

Em resumo, todos esses fenômenos que fazem parte da mudança do paradigma do emprego no Brasil na pós-abertura dos anos 90 acarretam importantes consequências sociais. Apesar do crescimento relativo de renda dos setores informais, uma sensação de desproteção permanece no trabalhador que fez a transição do formal ao flexível. Para usar um conceito piagetiano, há uma espécie de "dor de passagem" da heteronímia para uma espécie de autonomia particularizada. O incentivo à iniciativa individual e a idealizada sensação de não ser subordinado estão contaminados com as responsabilidades da contrapartida em ter negócio próprio. Há uma forte indução à dependência decorrente do próprio indivíduo, até a criação e a estabilidade da sua atividade ideal, sem tratar das questões que envolvem décimo terceiro, férias, FGTS, assistência médica, aposentadoria e outras seguranças trabalhistas que podem ser interpretadas como uma espécie de renúncia de remuneração e não de direito adquirido. Mas, independente dessas atmosferas, o trabalhador informal cria e desenvolve seu trabalho, sempre, sujeito à reformulação e radicalização do conceito moral que passa pela vontade constante e perpétua de evitar ser caracterizado como vagabundo ou desempregado porque terá que estar em busca das oportunidades disponíveis e ao agravamento da cisão social, alimentado pela progressiva ausência de responsabilidade das elites em garantir crescimento econômico e a oferta real de postos de trabalho.

No quesito automação, verifica-se próxima aos processos de manufatura, para indústria em geral e aos serviços que restam por agregar quantidade adicional de empregos formais. Ocorre que o setor terciário mostrou-se mais ágil que a própria indústria na incorporação da automação e da tecnologia da informação que, por consequência, tendem à flexibilização para busca de uma vitalidade tal que permita manter níveis gerais adequados de emprego, porém segmentados para uma forte tendência de exigências na qualificação de mão de obra.

Com advento das novas descobertas do pré-sal e das novas fontes de petróleo, gás e biocombustíveis que tomaram o Brasil nesses últimos dois ou três anos, verifica-se uma forte e inusitada fonte de recursos minerais disponíveis e, por consequência, acentuada carência de capital humano com capacidade de administrar esses sistemas disponibilizados pela natureza. O país será impingido a assumir a responsabilidade de explorar esses recursos e disponibilizá-los para a humanidade, mas terá que assumir seu papel de nação desenvolvida e capaz de utilizar sua própria mão de obra nessas atividades.

Não tem condições técnicas, intelectuais e nem logísticas para tanto.

Assim, se depara com um processo de inevitável colapso caso não tome — imediatamente — as iniciativas necessárias para a criação de um grande sistema nacional de qualificação de recursos humanos e de recuperação dos profissionais que restou perdendo para o mundo moderno durante os vários anos de estagnação econômica que sucederam por regimes populistas, militares e neoliberais ineficientes.

Será necessário criar uma nova ordem de valorização do capital humano com acervo pecuniário correspondente à capacidade de disputar a condição de país desenvolvido e preparado para recepcionar os avanços decorrentes desses novos paradigmas do trabalho que, lançados pela natureza aos nossos olhos e mentes, nos ofertará condições de concorrer com EUA, Europa e Japão ao avanço tecnológico e as benesses decorrentes do sucesso de qualquer país de primeiro mundo. E, só por meio de um novo pacto estabelecido entre empregados e empregadores com autonomia e liberdade contratual, legislações adaptadas à realidade e um contingente profissional de elite, o Brasil poderá superar os desafios para construção de uma nova casta de "iluministas" que possam seguir na direção da inovação técnica que permita um futuro, próspero e sustentável — econômica e socialmente, aceitáveis a ótica mundial e dos mercados globalizados.

Entrementes, se o foco se voltar ao estudo da liberdade e autonomia contratual que é a tônica dos interesses vinculados aos que advogam contra os regimes estatutários, reportam-se as discussões para os idos do século XVII, na França, cujo regime adotado era monárquico. Com seu "Poder de Império", o Rei se permitia cobrar imposto da burguesia. Por consequência, esse poder do monárquico resultou na revolução burguesa, que resultou na soberania do povo. Assim, a revolução francesa se tornou responsável pela separação dos poderes e pelo surgimento do "Princípio da Legalidade". À época, o lema imposto pela revolução francesa era liberdade econômica e a igualdade política, parodiando a trilogia liberdade, fraternidade e igualdade que provocava a cizânia entre os entes públicos e privados.

Durante o liberalismo econômico e político, essa mesma burguesia tornou-se, extremamente, privilegiada frente às demais classes da sociedade. Só em meados do século XVIII, verifica-se a revolução industrial que deslocou a economia agrícola para as fábricas e, em seguida, a população migrou para os grandes centros à procura de trabalho.

Este mercado de trabalho se tornou absolutista perante o Estado liberal. Neste diapasão, a economia resumia-se no *"Laisser Faire e Laisser Passer"*. Tal propagação, traduzida por nos "deixe livre e deixe passar", reafirmava que as leis econômicas produziam efeitos e, por consequência, passavam. Seu propulsor, Adam Smith, indicava que o soberano teria deveres a cumprir, sendo que se fazia necessário proteger a sociedade da violência e da invasão de outros países. Logo, deveria proteger os membros da sociedade, injustiça e opressão de qualquer outro Estado-membro e, também, estabelecer uma adequada administração dos conceitos de justiça. Por fim, erigir e manter as obras públicas e as instituições públicas, porque o lucro reembolsaria despesas para qualquer indivíduo ou pequenos números de indivíduos, ressalvando proporcionar mais do que o reembolso a uma sociedade maior.

O que se interpretava como igualdade no Estado liberal, então, formal e desproporcional, por diversas situações se coadunava com a igualdade entre a parte contratante que detinha o capital e a parte contratada que representava a mão de obra barata. Ressalve-se, que o Estado liberal proporcionaria igualdade política aos cidadãos, pois gerava desigualdade econômica. Por lógica, poderia se afirmar que o Estado liberal era descompromissado com a ética sendo contra qualquer forma de intervenção na livre-iniciativa. Nessa esteira, a liberdade de empresa, bem como a liberdade da propriedade privada, também, a liberdade de contrato e a liberdade de câmbio, consequentemente, representaram liberdades absolutas para a economia liberal.

Esta mesma economia liberal era submetida à lei natural do mercado, ou seja, o próprio indivíduo poderia editar normas, regulando as relações comerciais e industriais, apenas observando que estas mesmas regras eram individualistas e não abrangiam uma coletividade ao espelhar em uma das concepções de *Robert M. Sherwood*[7].

Havia um rumor de que tal fato era decorrente de uma suposta mão invisível que se caracterizaria pelo mercado de forma que as mudanças deveriam realizar-se dentro da maior liberdade possível, ou seja, produtores e consumidores estariam aptos a aderir às regras do mercado e que, em razão da oferta, permitiriam a busca de preços que se estabilizariam sem a intervenção do Estado.

Denota-se que o pensamento liberal era tão egocentrista que imaginava quanto mais o indivíduo buscasse a sua satisfação financeira estaria ele agindo em prol da sociedade. Na verdade, não havia normas de ordem econômica explícitas nas Cartas Constitucionais de natureza liberal, valorizando-se o "mundo do ser". Ainda, algumas Constituições regulavam a propriedade privada e a liberdade contratual, por exemplo, a Constituição Francesa de 1789.

Quando aflorou o liberalismo, sucede o princípio da autonomia da vontade, significando liberdade total no campo contratual, porquanto, a vontade manifestada deveria ser respeitada e os acordos seriam considerados como lei entre as partes.

Surge em 1848 o filósofo Karl Marx, que imaginava seria a socialização dos meios de produção uma solução para a desigualdade social predominante no Estado liberal. E foi por meio de seu livro *Manifesto Comunista* que eclodiram as novas ideias políticas opostas às ideias liberalistas. Tal obra representou um progresso social, pois os trabalhadores se escravizariam diante dos detentores do capital. Se empresários, os detentores do capital ditavam direitos e obrigações nos contratos com trabalhadores. Essa pujante ideologia socialista restava defendendo a socialização dos meios de produção e repartição de riquezas para a classe proletária que, na verdade, foi a que mais sentiu as consequências desse capitalismo liberal, por exemplo, a exploração dos hipossuficientes.

E, logo após as provisões socialistas, esse mesmo Estado liberal se modernizou, passando do século XIX para o século XX sob a tutela de uma nova postura ante a sociedade e nas relações privadas. Com um modelo avançando de desenvolvimento econômico e um forte processo de industrialização que decorre ao longo do século XX, resta cedendo lugar ao aparecimento de

---

(7) SHERWOOD, Robert M. *Propriedade intelectual e desenvolvimento econômico*. São Paulo: Universidade de São Paulo, 1992.

amplos setores que proclamavam por melhores condições de sobrevivência, buscando elevar o nível de vida dos indivíduos e criando institutos de natureza social como o próprio direito do trabalho, previdência social e outros. Assim, nota-se decorrer certa "publicização" do direito privado.

Mais tarde, em 1914, aparece uma economia de *front* com o advento da Primeira Guerra Mundial que resta rompendo com o liberalismo econômico. À época, as Constituições mexicanas de 1917 e a alemã de Weimar, em 1919, foram as primeiras a recepcionar a intervenção do Estado no domínio econômico e social. Logo após, em 1929 e alcançando 1936, surge um Estado mais organizado, estabilizando e estimulando a economia. Em consequência, os contratos se tornam públicos, se regulamentado pela ordem pública. Esse Estado moderno nasce com o compromisso de atuar no campo econômico, garantindo limites às instituições básicas da propriedade e da liberdade contratual.

Aqui, enumeram-se intervenções nas indústrias extrativas, na área de energia, transportes e comunicações, bem como se afiguram os tabelamentos de preços. Denotam-se graves os motivos que ocasionaram a intervenção e a ausência de avaliação desse fenômeno pelo mercado, inclusive, quanto à exploração da mão de obra infantil, poluição, depreciação de mão de obra, desgaste dos recursos naturais e a ausência de serviços públicos para as populações carentes.

Firma-se o conceito de "Constituição Econômica" no sentido de oferecer um conjunto de ações que instituem a ordem econômica mundial.

Em 1988, a Constituição Brasileira propugna em seu art. 170, *in verbis*: "a ordem econômica fundada na valorização do trabalho humano e na livre-iniciativa tem por fim assegurar a toda existência digna, conforme os ditames da justiça social". Aqui, se consagra o princípio da livre-iniciativa adaptado aos ditames relacionados à esfera dos direitos sociais de maneira que se possa obter uma determinada harmonização para equilibrar forças. Observe-se, força esta vinculada à liberdade econômica que não é absoluta, devendo respeito ao princípio da valorização do trabalho humano. Ademais, o Texto Constitucional adota o regime do capitalismo consagrado pelo Estado Democrático de Direito enumerado no Título I do art. 1º que, entre os princípios fundamentais, consolida-se a dignidade da pessoa humana. Esse princípio, ressalve-se, está presente no art. 3º, inciso III, da CRFB e torna-se relevante para a ordem econômica à luz da interpretação de *Vantuil Abdala*[8].

---

(8) ABDALA, Vantuil. Invenção durante o contrato de trabalho, direitos do empregado e empregador; competência judicial. *Revista do Tribunal Superior do Trabalho*, São Paulo: LTr, 1991.

Denota-se que o legislador constituinte foi feliz ao estruturar o Estado Democrático de Direito prevendo a intervenção na ordem econômica, pois com esse raciocínio pode-se perceber que a intervenção estatal no domínio econômico, hodiernamente, cumpre o papel de mitigar os conflitos do Estado dito liberal, através da atenuação à liberdade contratual como uma das suas faces. Também, decorre a necessidade de impor a função social e o dirigismo econômico, facultando as partes uma relevante obediência às normas de ordem pública, por consequência, reprimindo a exploração da parte hipossuficiente.

Como um todo, pode-se afirmar que o Estado Democrático de Direito se aprimorou no "Estado do bem-estar", ainda, porque se busca a melhoria das condições sociais da população com objetivo na coletividade, jamais, no indivíduo ou em determinado grupo.

Verifica-se que a República Federativa descrita no art. 3º da Constituição Brasileira revela objetivos de ordem econômica e encontra-se aludido à construção de uma sociedade livre, justa e solidária, então, preparada para erradicação da pobreza e a redução da desigualdade regional e social, bem como a promoção do bem de todos, sem os efeitos permissivos da discriminação.

Por sua vez, o art. 170 da Constituição Federal se apresenta com natureza programática, vez que anuncia as diretrizes e os princípios da ordem econômica, mister dar ênfase à função social da propriedade, defesa do consumidor, meio ambiente, redução das desigualdades sociais e a busca do emprego. Em contrário senso do que se imaginava, a Carta Política de 1988 — especialmente — em seu art. 170 (*caput*), não se comprometeu com as mudanças advindas do socialismo e, tão somente, se modernizou no que concerne ao regime capitalista, intervindo e relevando a importância ao "princípio da dignidade humana".

Decorrente disto, a intervenção do Estado na ordem econômica não acolhe necessariamente a socialização dos meios de produção, porém uma atuação na tentativa de pôr ordem e igualdade na vida econômica e social das pessoas. Hodiernamente, se reconhece a importância da Intervenção do Estado na Economia que assegura a fonte de renda e a sua equânime distribuição à população, mesmo mantido o capitalismo adotado pela Constituição Brasileira em seus princípios fundamentais, como também nos direitos sociais (educação, moradia, segurança, etc.). Sem dúvida, o Brasil adota o regime intervencionista, visto que o capitalismo é incabível sem um mínimo de participação do Estado, mesmo que hipotética (vide decisões do COPOM).

*José Afonso da Silva*[9], em sua obra, acolhe a prerrogativa que "houve tempo em que se discutia muito sobre as relações entre planejamento eco-

---

(9) SILVA, José Afonso da. *Curso de direito constitucional positivo*. 28. ed. São Paulo: Malheiros, 2007.

nômico e democracia". Atualmente, não se pode alcançar democracia sem um mínimo de organização econômica planejada pelo poder público, visando à realização do interesse coletivo.

Sob o prisma desse paradigma, a melhor forma de representar a vontade e a liberdade de expressão dos indivíduos é o contrato. Esse direito contratual que tem por princípio autonomia privada se traduz na liberdade de contratar. Tal liberdade, em priscas eras, era absoluta e representava a vontade e a liberdade de expressão dos indivíduos que assevera abarcado na "Teoria Contratual", ser o contrato um instrumento dos negócios. Hoje, a liberdade de contratar é efeito do princípio da livre-iniciativa e da propriedade privada dos bens de produção. Essa mesma liberdade de contratar e a propriedade privada passam a assumir valores fundamentais e, juridicamente, protegidos pela economia. Assim, o contrato necessitará alcançar o que define o *caput* do art. 170 da CRFB, ou seja, assegurar a todos os envolvidos na relação fruto de uma existência digna, conforme os ditames da justiça social. Por um átimo, cumpre salientar que a existência digna no sistema capitalista dificilmente se alcançaria caso o Estado não regulasse a ordem econômica, editando normas públicas de direção ou de proteção e coordenação. Nota-se que o reflexo na proteção do consumidor assegura que os ordenamentos passaram a regular-se no final do século XX, introduzindo notáveis restrições à liberdade do empresário e, desta forma, garantindo qualidade dos produtos comercializados.

Com base no entendimento de *Américo Luís Martins da Silva*[10], *in verbis*: "direito de subsistência é um padrão mínimo para subsistir que compreende alimento, habitação, educação e [...]". O mesmo autor assinala que a busca por parte do Estado de um padrão mínimo à população será alcançável quando o poder público regular mediante lei os princípios sociais e as metas econômicas. E, exatamente, por isso os arts. 8º, *caput* e 170, *caput*, da Carta Magna não têm aplicabilidade imediata, necessitando de políticas públicas de regulamentação. Essa limitação da liberdade contratual não se trata de uma liberdade desvinculada ao texto constitucional, porquanto os efeitos do contrato interessam ao Estado. Na verdade, os contratos devem fornecer segurança às pessoas envolvidas, pois o referido comando constitucional serve de filtro em todas as situações "purificando" qualquer prejuízo à coletividade.

É mister que um regime de acumulação e concentração de capitais não propicia justiça social. O doutrinador *José Afonso da Silva*[11] examina por que não é tarefa fácil a existência digna num sistema capitalista (individual), *in verbis*:

---
(10) SILVA, Américo Luís Martins da. *A ordem constitucional econômica*. 2. ed. Rio de Janeiro: Forense, 2003.
(11) SILVA, José Afonso. *Op. cit.*

[...] a justiça social só se realiza mediante equitativa distribuição da riqueza. Um regime de acumulação ou de concentração do capital e da renda nacional, que resulta da apropriação privada dos meios de produção, não propicia efetiva justiça social, porque nele sempre se manifesta grande diversidade de classe social, com amplas camadas de população carente ao lado de minoria afortunada. A história mostra que a injustiça é inerente ao modo de produção capitalista, mormente do capitalismo periférico.

Observe-se que algumas providências constitucionais formam um conjunto de direitos sociais com mecanismos de concreção que, devidamente, utilizados podem se tornar menos abstratos à promessa de uma justiça social eficiente, pois se trata de uma determinante essencial que impõe e obriga que todas as demais regras da constituição econômica sejam entendidas e operadas em função de si próprias. É cristalino que determinadas relações contratuais se conflitam com que descrevem os comandos constitucionais. Um bom exemplo são os contratos de adesão de fornecimento de energia elétrica que, posteriormente, será debatido.

O que se pode verificar se coaduna com a parte de poucos meios econômicos que restam firmando acordos visando sua subsistência, na maioria dos casos, quando se submetem a cláusulas injustas. O Estado Democrático de Direito é capitalista e intervencionista, ou seja, além de assegurar a propriedade privada e a liberdade de contratar, assegura o respeito às pessoas envolvidas no negócio jurídico de modo a propiciar justiça. Já a coletividade sofre sérios prejuízos se o Estado não interferir com aceno a normas proibitivas, obrigatórias e não derrogáveis pela vontade dos contratantes.

Deparam-se aqueles que, economicamente mais fracos, aderem às cláusulas predispostas de modo que o poder público restringe a autonomia privada lhes impondo cláusulas obrigatórias para determinados contratos previstos em lei. E, nesse diapasão, *Américo Luís Martins da Silva*[12] assegura que "a justiça social tem como finalidade a proteção dos mais pobres e aos desamparados mediante a adoção de critérios que favoreçam uma repartição equilibrada das riquezas". Desta forma, observa-se nos contratos um instrumento para se buscar soluções para o desenvolvimento e justiça social. Por consequência, acredita-se na Constituição Brasileira de 1988 como um conjunto coerente de normas destinadas a manter a ordem política, social, individual e econômica que deve ser observada — sistematicamente — com o Novo Código Civil.

Seguem os princípios contidos na ordem econômica que são, substancialmente: diretrizes, metas, bases e as leis infraconstitucionais, em contrário

---

(12) SILVA, Américo Luís Martins da. *Op. cit.*

senso, instrumentos reais de correção dos excessos praticados pela liberdade humana. Assim, cumprirá observar que a liberdade de iniciativa econômica poderá sofrer restrições legítimas por intermédio de leis e, por motivação, denota-se que o Governo Federal está mais presente no domínio econômico de forma a assegurar o acesso de produtos necessários ao consumo do povo.

O que depreende é que a relativização da autonomia privada está, atualmente, vinculada aos direitos sociais, ou melhor, vinculada ao Estado Democrático de Direito que é responsável em assegurar equidade para as partes envolvidas nas relações contratuais.

No fundo dessa discussão, discute-se o ressurgimento da autonomia da vontade, porém a proibição imposta pela lei de celebrar determinados acordos é de natureza constitucional e, também, de ordem legal, para tanto, podendo afirmar que dificilmente isso deverá ocorrer.

O que existe, na verdade, é que a sociedade deverá aprender a sobrepesar os direitos individuais e os direitos econômico-sociais, quando da elaboração de contratos, ou seja, quando se elabora um contrato, devem ser observados desde os objetivos fundamentais da República Federativa até as finalidades da ordem econômica, previstos respectivamente nos arts. 3º e 170 da Carta Política de 1988. Em consonância com essa ordem constitucional, surgem as normas do Código Civil que devem ser observadas, limitando a liberdade contratual. Assim se verifica que os preços não podem ser estipulados, livremente, pelas partes contratantes. Por consequência, a discussão da economia dos contratos foi enfatizada para se adentrar com muito mais segurança no princípio da autonomia privada e nas normas de intervenção.

O que se leva nessa discussão é a razão para melhor entender o conceito de autonomia privada. Será mister esclarecer por que o princípio da autonomia da vontade deixou de presidir nas relações contratuais privadas.

Senão vejamos.

Primeiro, com a nova ordem constitucional, desaparece o poder de as partes determinarem, livremente, seus negócios jurídicos e o pacto contratual que representava lei entre as partes contratantes desaparece.

Segundo, surge a intervenção estatal na ordem econômica prescrita na Constituição Federal que, além de assegurar a livre-iniciativa, assegura a valorização do trabalho humano, assim proporcionando equilíbrio entre estas duas forças.

Terceiro, diante da intervenção estatal no campo da liberdade contratual, o Código Civil (art. 421) trouxe a função social do contrato e segue o princípio da autonomia privada. Torna-se oportuno analisar as teses acerca do surgimento da autonomia privada, com o objetivo de se alcançar um conceito próprio sobre o assunto, pois é o que assevera *Ricardo Luís Lorenzetti*[13] a respeito:

> A primeira chamada voluntarista, clássica, partidária do consensualismo puro e oposta a toda intervenção, que pensa que as partes sabendo o que querem, deve deixá-las livremente, porque elas desenvolverão a ordem social.

Tal tese se coaduna com a tese de que o homem é livre e não pode ser privado e submetido ao comando de outrem sem consentimento. Outra interpretação é denominada de "obrigacionista" que, como o próprio nome diz, obriga a regulação dos contratos mediante obrigações representativas e valorações coletivas que se impõem aos contratantes, em síntese, o direito deve corresponder às aspirações individuais.

Em face do estudo dessas teses analisadas, denota-se uma mudança na autonomia individual, pois o contrato corresponde puramente aos interesses individuais, de natureza subjetiva, em contrário senso da atualidade com cláusulas fixadas em acordo com a lei. Ressalve-se que a autonomia privada não se confunde com a autonomia da vontade. O mesmo estudioso aprecia a autonomia privada como faculdade que o ordenamento defere ao indivíduo para gerar efeitos jurídicos e assinala que "as conceituações da autonomia privada reúnem-se aos dois institutos centrais do direito privado: a propriedade e o contrato, como negócio jurídico, no sentido mais amplo". Ademais, "considera que a autonomia privada se insere basicamente no campo do direito patrimonial, em regra obrigacional e, por sua vez, no domínio do direito das sucessões, por exemplo, quando se elabora um testamento".

Nessa esteira, reserva o conceito de autonomia privada às manifestações de liberdade negocial para, designadamente, conteúdo econômico, para que sirva de instrumento ao negócio jurídico, reconhecendo a extensão desse conceito para abarcar em seus limites o casamento, por exemplo.

Observa-se que a direção indicada pela doutrina abarca conceitos de direitos personalíssimos ao definir autonomia privada, visto que a Constituição Brasileira de 1988 garante a livre-iniciativa como valorização do trabalho humano, vinculando-se diretamente ao princípio da dignidade humana. De modo que o fim não é o lucro. Mas a existência digna se vincula aos termos do art. 170 da Carta Política. E, no sentido de definir a autonomia privada como persecução de lucro, apresenta-se como um princípio do direito

---

(13) LORENZETTI, Ricardo Luís. *Fundamentos do direito privado*. São Paulo: Revista dos Tribunais, 1998.

contratual que permite às partes disporem de seus próprios interesses mediante acordos, desde que estes indivíduos observem a Constituição e o Código Civil.

Na atualidade, propugna-se pela interferência do Estado para orientar, proteger e corrigir as desigualdades econômicas decorrentes dos negócios jurídicos. Limita-se a autonomia da vontade dada à prevalência do interesse público e esta limitação resulta da constatação do início do século passado, em face da crescente industrialização. A época em que a ampla liberdade de contratar provocava desequilíbrio e a exploração do, economicamente, mais fraco. Até verificava-se a intervenção do Estado para restabelecer e assegurar a igualdade dos contratantes, surgindo então os movimentos em prol dos direitos sociais.

Por uma concepção de natureza liberal, havia uma corrente em defesa do consensualismo que obrigava, mutuamente, à autonomia da vontade.

Aqui se firma um individualismo excessivo, então, preconizado pela ordem econômica liberal que se apresentou no Código Civil de 1916 e entrou em declínio no início do século XX, em face da exploração exacerbada pelo liberalismo clássico no exercício da autonomia da vontade. Inicia-se a edição de leis destinadas à garantia de setores vitais para supremacia da ordem pública, moral e bom costume, não olvidando da Lei do Inquilinato, Lei de Usura, Lei da Economia popular e culminando no Código do Consumidor.

Hoje, não se verifica a intervenção do Estado na vida contratual como antes, como por exemplo, nas telecomunicações, consórcios, seguros, sistema financeiro, dos quais vários segmentos estão sob o "olhar discreto" de agências reguladoras.

Nesse diapasão, firma-se o princípio da autonomia privada com a possibilidade do indivíduo exercer poderes e liberdade de contratar e, além da liberdade de contratar e firmar contratos, se consolida a liberdade de discutir o conteúdo do que se está pactuando que, de modo geral, é permissiva a autonomia privada, também, a faculdade que tem o indivíduo de celebrar contrato ou não sem interferência do Estado, com os poderes de combinar contratos nominados com contratos inominados. Mas esta liberdade é muito relativa, visto que a vida em sociedade obriga a realização de contratos, por exemplo: licenciamento de veículo que é condicionado ao seguro obrigatório, portanto, se pretende circular com veículo autorizado, não há outra escolha, senão, contratar o licenciamento.

A estudiosa *Maria Helena Diniz*[14] "acredita que essa escolha com quem celebrar o contrato já sofria restrições desde que o Estado atuava como

---

(14) DINIZ, Maria Helena. *Curso de direito civil brasileiro.* Teoria das Obrigações Contratuais e Extracontratuais. 3. ed. São Paulo: Saraiva, 2004. v. 3.

empresário e prestador de serviços públicos essenciais, necessariamente, parte no contrato lhe restando contratar com as empresas públicas prestadoras de serviços, em regime de monopólio."

Presume-se, nessa esfera, que na contratação de fornecimento de energia elétrica, essencial, os contratos sejam impositivos e as partes não teriam outra opção, senão, contratar este fornecimento da administração pública.

Em espécie, nos contratos de adesão, as partes contratantes não discutem o conteúdo negocial, pois uma parte organiza as cláusulas e condições e a outra adere às regras. O código Civil organizou, genericamente, os contratos de adesão. As concessionárias de serviços públicos são grandes empresas que oferecem bens e serviços essenciais, programam determinado tipo de contrato para todos os seus clientes, respeitando apenas aos regulamentos das Agências Reguladoras. Em uma das suas resoluções, a Agência Nacional de Energia Elétrica — ANEEL estabelece condições gerais para o fornecimento desses serviços e propugna que a concessionária poderá suspender o fornecimento após prévia comunicação formal ao consumidor na hipótese de atraso no pagamento da fatura relativa à prestação de serviço de energia elétrica. Percebe-se que estes contratos padronizados deveriam ter seu conteúdo gravado em Lei Federal ou que seus regulamentos refletissem proteção ao interesse coletivo, visando evitar a suspensão do fornecimento sem autorização do Poder Judiciário. Mas doutrinadores não se apresentam coniventes com a prática realizada pelas empresas que realizam o corte para coagirem seus devedores a pagar os débitos pendentes. Porém, se existe o Poder Judiciário para compelir devedores a quitação de dívidas, então, por que estas empresas não podem fazer o mesmo? Firma-se como procedimento correto, nestes casos, propor ações de cobrança contra o cliente que não paga pelo consumo e se o juiz constatar a má-fé, aplicar-se-ia como medida final o corte do fornecimento.

O que se determina como normas de intervenção são fixadas pela conduta vinculada ao comportamento dos indivíduos, seja particulares, governantes, funcionários ou consumidores. Prescrevem como o indivíduo deve orientar seus negócios, algumas são diretivas outras impositivas. As impositivas são normas cogentes que limitam a liberdade contratual e estão presentes na Constituição Brasileira e no Código Civil, também, em leis extravagantes. Tais imposições visam orientar e proteger as partes que realizam contratos típicos, mas pouco presente nos contratos atípicos. Já, as normas impositivas tutelam interesses fundamentais, diretamente ligados ao bem comum e assim denominados de ordem pública.

Sobre a ordem pública, verifica-se que o art. 170 da Constituição Brasileira organiza, economicamente, a sociedade e seus fundamentos jurídicos que estão prescritos no art. 3º da Carta Política. Há uma diretriz que cabe proporcionar a livre-iniciativa valorizando o trabalho humano e a dignidade da pessoa humana. Já a relação contratual no Estado Democrático deve assegurar, acima do lucro, a existência digna das pessoas envolvidas, conforme os ditames da justiça social. Os princípios que aderem a ordem econômica Constitucional refletiram na limitação aos contratos privados. Em que pese essa premissa Constitucional não ter aplicabilidade imediata, sua eficácia se torna presente nas leis de proteção do consumidor e no direito do trabalho, em especial. Por fim, a hierarquia da Constituição Brasileira e a diversidade de normas obrigam uma ação ou abstenção e suprem a declaração de vontade não existente.

O legislador coordena, induz e transforma a moral, a religião, as pessoas, os bons costumes em normas jurídicas. A ordem pública de coordenação não se discute o problema do contratante fraco, apenas entende-se que o legislador expressou seu consentimento como prevê o Código Civil, a fim de coordenar situações abstratas e concretas.

Essas mesmas normas de coordenação exprimem obrigações de condutas e está no Código Civil e em leis extravagantes que condicionam a autonomia privada alcançar determinado fim. Essa ideia socializante do contrato limita seu conteúdo, bem como uma vez elaborado e assinado pode ser a vontade das partes revisada pelo juiz. O mesmo Código Civil impede que os acordos de vontade passem por cima de interesses coletivos de forma que o contrato não é mais assunto somente das partes contratantes. Hoje, esse mesmo contrato tem relevância social cujo para ser eficaz deve atender ao interesse coletivo promovendo o solidarismo e protegendo os valores mais dignos do homem.

A intromissão do Estado nas relações contratuais tem o objetivo de mostrar que seus efeitos deverão ser compatíveis com o interesse social. Ainda sobre o fornecimento de energia elétrica, a função social do contrato como já visto, ganha discussão principalmente nos contratos de fornecimento de energia. Esse contrato que tem por objeto o fornecimento de energia, água, entende-se que não poderá haver corte no fornecimento, por falta de pagamento das tarifas. Esse fornecimento é ostentado como fonte axiológica da dignidade humana, assim as empresas deveriam garantir o serviço com fulcro no princípio social do contrato em continuidade a prestação do serviço contratado até esgotados todos os meios possíveis de cobrança do crédito. Por derradeiro, a expressão dirigismo contratual ocorre de duas formas, seja mediante normas de ordem pública e segundo com a revisão judicial do contrato, quer seja alterando ou exonerada a parte lesada, assim analisa *Maria Helena Diniz*[15] sobre as revisões dos contratos ou dispondo dos meios de

---

(15) DINIZ, Maria Helena. *Op. cit.*

intervenção do Estado na liberdade contratual, seja mediante normas de ordem pública ou por meio da revisão judicial, pois os juízes podem utilizar instrumentos legais para socializar os contratos, em suas palavras "uma circunstância sobrevivente, externa, extraordinária e imprevisível, que destrói a equivalência das prestações tornando-as excessivamente onerosas, permitindo a resolução ou a revisão". Esta é uma faculdade conferida ao juiz de rever o contrato, quando ocorrer alteração brusca no valor; preço da obrigação; e a impossibilidade de cumprimento das obrigações iniciais assumidas por uma das partes do contrato.

Assim, caso o contratante não concorde em modificar equitativamente as condições do contrato e sendo do interesse da parte onerada a manutenção do contrato, o juiz pode, *ex officio*, corrigir as distorções econômicas, realizando a revisão judicial do contrato. Diante desta circunstância, o magistrado revisa as condições de execução do contrato e sua sentença substituirá a vontade dos contratantes, valendo como declaração volitiva do interessado.

A intervenção é dirigir a autonomia privada para um equilíbrio de interesses que será expresso com o consentimento do indivíduo. Este equilíbrio se dá por meio de imposições de obrigações de contratos coletivos e outros. Por outro lado, o legislador, por meio de normas de ordem pública, impõe obrigações que as partes contratantes fiquem impedidas de convencionar de forma que, gradativamente, se estabeleça a ordem pública de proteção e torne-se imperativa. Um exemplo dessa imperatividade das normas de proteção se prescreve na substituição da figura do patrão e do empregado, por classe de empregadores e empregados de determinada classe, representados por convenção coletiva de trabalho. Tais normas são ajustadas de acordo com a vontade das categorias envolvidas e se traduzem pelo aceite dos empregados que, oportunamente, podem votar contra ou a favor, decidindo assim o destino da categoria e, por vezes, contrariando as normas expressas na lei.

Por concepção legal, mister edificar que as relações de trabalho no Brasil passam por transformações que exigirão das partes — empregados e empregadores — maturidade suficiente para traduzir os anseios da vontade popular em mudanças que podem se afastar da lei ou dela não mais se tornar dependentes. Tais mudanças estão se consolidando a cada dia e tem sido o grande desafio do século XXI no que concerne à autonomia dos contratos e à flexibilização das relações de trabalho, serão os paradigmas do futuro em termos de políticas públicas que serão pautadas sob a ordem econômica e social, da qual o Estado não deverá participar com tanta desenvoltura.

Os princípios gerais que regem o "Estado novo", que foi construído a partir das deficiências logísticas e culturais amealhadas ao longo de ditaduras e de regimes populistas, restaram edificando a construção de um Estado soberano e eficiente capaz de exercer a cobrança dos resultados a que se propõe, jamais, criar lacunas ou limites ao exercício pleno da vontade e da capacidade de contratar, por mais exigente que se exprima por cônscio da sua autonomia enquanto regulador e educador.

Após o desaparecimento do Estado Absolutista e o advento da Revolução Francesa surge o Estado Liberal, contextualizado pela absoluta prevalência dos direitos individuais. Esse Estado Liberal assistiu às consequências da Revolução Industrial, bem como a reação contra os abusos em prol do lucro fez surgir movimentos sindicais de modo que a ordem liberal foi substituída pela ordem econômica intervencionista. E essa intervenção do Estado no domínio econômico frutificou o princípio da livre-iniciativa que não é absoluto e, análogo à liberdade contratual, está sujeito a inúmeras restrições, portanto, submetido às limitações dos fundamentos do Estado Democrático de Direito, valores estes agregados aos preceitos do arts. 1º, 3º, inciso III e art. 170 da Constituição Brasileira.

O que se entende por evolução histórica demonstra que a absoluta liberdade contratual implicou abusos em face do contratante mais fraco, por isso as limitações na autonomia dos cidadãos passaram a ser um modo de evitar desigualdade social, sendo o Estado poder legítimo para criar normas de intervenção de direção, de proteção e de coordenação que, consequentemente, restringem a autonomia dos indivíduos.

Se o Estado regula os contratos e reafirma não existir cisão entre Estado e a Sociedade Civil, do mesmo modo que *Eros R. Grau*[16] entende, em especial, quanto ao Direito de Família, Sociedade Civil e o Estado são manifestações de uma mesma realidade e não se anulam entre si. E, porquanto, a liberdade de contratar é limitada nos contratos típicos, já que a ordem pública proíbe cláusulas abusivas impondo cláusulas obrigatórias e não derrogáveis. E os contratos atípicos, por sua vez, não possuem especificações no corpo dos provimentos legislativos, porquanto nascem criados pela imaginação humana diante das necessidades econômicas. Por isso se diz que neles não há intervenção estatal. Já os contratos de adesão são figuras não ostentadas pelo poder de as partes fixarem o conteúdo do contrato, já que o princípio da liberdade de contratar é a faculdade de não adotar aqueles modelos pré-moldados.

Afigura-se a dignidade da pessoa humana acima de qualquer interesse econômico, se assim não fosse este princípio estaria em prejuízo aos fundamentos do Estado Democrático de Direito. Dentre os desafios desse século, estará a capacidade de promover o desenvolvimento e o crescimento econômico, protegendo o economicamente mais fraco sem tratá-lo como desavisa-

---

(16) GRAU, Eros Roberto. *A ordem econômica na Constituição de 1988*. 10. ed. rev. e atual. São Paulo: Malheiros, 2004.

do ou inocente para evitar subestimar sua desenvoltura de acordar o que lhe é profícuo, como também modernizar a estrutura do Poder Judiciário para que sejam propostas as respostas adequadas às causas que lhe são apresentadas.

E para que sejam apreciados esses elementos primordiais para o desenvolvimento de uma nação, seja na opção pela interferência legislativa[17] ou pela livre contratação[18], o foco necessário para leitura do inciso XXIX do art. 5º da CRFB deverá asseverar o privilégio aos autores de inventos industriais e a proteção às suas criações — principalmente —, ressalvar o interesse social, o desenvolvimento tecnológico e econômico do País que podem representar o encaminhamento das partes para os acordos de vontade, sempre, observando as normas de ordem pública que representem o bem comum e não por mero conceito evolutivo, como também os processos legislativos que acompanham a modernidade e preservem os interesses dos interessados em desenvolver sua capacidade intelectual em favor do bem comum.

---

(17) Projeto de Lei que propõe alteração ao Decreto-lei n. 5.452, de 1º de maio de 1943, estabelecendo gratificação ajustada, para os empregados que promovam invenção durante o contrato de emprego sob condições específicas.
(18) Proposta de instrumento contratual, que estabelece condições especiais aos empregados que promovam invenção durante o contrato de emprego sob condições específicas.

## 2. LEGISLAÇÃO DA PROPRIEDADE INDUSTRIAL E SUAS CONTRADIÇÕES

Na esteira do mote cardinal da presente obra, faz-se mister adentrar por questões de natureza trabalhista antes mesmo de enunciar os méritos e a necessidade de uma legislação específica sobre propriedade industrial. Na verdade, precede a existência de tal codificação à necessidade de tratar dos inventos realizados por empregados durante o pacto laboral que, por consequência, já haviam merecido atenção especial do Texto Consolidado.

A primeira disposição sobre invenções de empregados no Brasil foi atendida pela própria legislação do trabalho em 1943, especificamente, no art. 454 da CLT. Em 1945, esse comando legal foi encampado pelo Decreto-lei n. 7.903, que restou instituindo o primeiro Código da Propriedade Industrial no País. Mais tarde, a matéria foi regulada no Código de Propriedade Industrial, Lei n. 9.279/96. O Código de 1945 reproduziu a disposição de natureza celetista que, na verdade, impingiu a um só artigo a capacidade de solucionar tão complexa questão que envolve a regulação da capacidade criativa nos inventos realizados por empregados na ocorrência de um contrato de emprego. Observe-se que o Código de 1971 apresentou outras disposições estabelecendo como norma geral, em contrário senso do que havia exposto no Código de 1945, a condição de que "pertencerão exclusivamente ao empregador os inventos, bem como os aperfeiçoamentos, realizados durante a vigência de contrato (...), em que a atividade inventiva do assalariado ou do prestador de serviços, seja prevista, ou ainda que decorra da própria natureza da atividade contratada", assim entendido como uma exceção pelo Código de 1945. Na visão de *Mozart Victor Russomano*[19] em seus comentários à CLT, não houve uma revogação do Texto Consolidado e sim uma refração quando o invento se dá no decurso de um contrato de emprego. Ademais, esse mesmo código avançou em relação aos anteriores visto que, além dessa disposição de inventos de serviço, restou proporcionando o conhecimento de disposições referentes aos "inventos mistos" ou de "estabelecimento" e aos "inventos livres". Na realidade, a Lei n. 9.279/96 manteve, no que

---

(19) RUSSOMANO, Mozart Victor. *Comentários à Consolidação das Leis do Trabalho*. Rio de Janeiro: Forense, 1997.

concerne aos inventos de empregados, a existência de um sistema tripartite com invenções de serviço, invenções mistas e invenções livres. Ainda, promoveu as inovações em relação à remuneração e, também, à extensão desse regime aos estagiários regidos por legislação específica.

No cerne da questão, verifica-se que a "Propriedade Industrial" é espécie do gênero da "Propriedade Intelectual". Ocorre que o termo "Propriedade Intelectual" tem um sentido mais amplo e generalista uma vez que compreende todas as produções decorrentes da inteligência e da capacidade de engenharia criativa humana que estão protegidas no universo das artes e da ciência, ou mesmo, nas indústrias e decorrente disto a Propriedade Intelectual resta comportando um sistema próprio que enseja as patentes, marcas, desenho industrial e o tão discutido direito autoral. Ressalve-se, a Propriedade Industrial esta regulada pela Lei n. 9.279/96 que trata da aplicação dos bens imateriais advindos da indústria e do comércio entendida como "o conjunto dos institutos jurídicos que visam a garantir os direitos de autor sobre as produções intelectuais do domínio da indústria e assegurar a lealdade da concorrência comercial e industrial". Denota-se que de acordo com essa definição, na verdade, a propriedade industrial destina-se a estabelecer direitos sobre as invenções, os modelos de utilidade, desenho industrial e regular questões referentes ao registro de contratos de licença e exploração de Marcas, Patentes e Transferência desleal, como também à orientação geográfica. Em meio a essa diversidade de proteções, assegura *Di Blasi, Garcia e Parente*[20]. Pode-se estabelecer um conceito de que a Marca seria um sinal, visualmente perceptível, que permite distinguir produtos industriais, artigos comerciais e serviços profissionais de outros do mesmo gênero e da mesma atividade, também, semelhantes ou afins de origem diversa. Já a Patente, compreendida como um título de direito outorgado pelo Estado a uma pessoa que, por consequência, terá exclusividade de exploração do objeto decorrente de uma invenção ou modelo de utilidade que durante um período poderá se estabelecer como válido em todo o território nacional. Quanto ao Desenho Industrial, vinculado a um tipo de proteção para o potencial de formas plásticas e de natureza ornamental de um determinado objeto ou mesmo para um conjunto ornamental que expresse em linhas, traços e cores que possam ser aplicados a um específico produto capaz de proporcionar um resultado visual — novo e original — na sua ampla e possível configuração externa para que se destine futura composição e industrialização.

---

(20) DI BLASI JUNIOR, Clésio Gabriel; GARCIA, Mario Augusto Soerensen; MENDES, Paulo Parente Marques. *A propriedade industrial:* os sistemas de marcas, patentes e desenhos industriais analisados a partir da Lei n. 9.279, de 14 de maio de 1996. Rio de Janeiro: Forense, 1998.

O que deve orientar na compreensão dos institutos — em especial — quanto a essas formas de proteção em comum ao conceito de direito exclusivo, será a vinculação da questão de exclusividade que é essencial para proteger a propriedade imaterial envolvida e, também, essa mesma exclusividade que estará no epicentro do direito e defesa dessas prerrogativas. Entrementes, conjectura-se que a Propriedade Industrial poderia ser interpretada como uma forma de monopólio quando, na verdade, esse direito de exclusividade possibilita a exclusão de estranhos da exploração de um determinado produto fruto do intelecto de um inventor que — por seus reconhecidos méritos — jamais poderia aceitar ser defenestrado do bônus decorrente da sua própria criação.

Quanto à Patente, pode ser interpretada como a garantia da exploração exclusiva do invento pelo seu próprio inventor. Na verdade, a Patente não é garantia do direito de uso porque esse direito é exercido no sentido contrário (negativo), já que consiste na expromissão de terceiros ao uso da invenção e — também — por não garantir o seu uso se o inventor usá-lo independente de ser patenteado. O que assegura na Patente é a proteção que impede a terceiros a exploração do invento sem a autorização do seu criador. Verifica-se cristalino que "a Patente confere um monopólio temporário de exploração ao seu titular" (*Di Blasi, Garcia* e *Parente*) e, aparentemente, a melhor doutrina é aquela que propugna não ser a Patente uma espécie de monopólio, visto que nem sempre ela garante a exploração do invento pelo seu inventor, tão somente, garante que terceiros não possam explorá-lo e, neste diapasão, afigura-se que um inventor que deseje explorar seu invento patenteado — sem dúvida — reste dependendo de outro invento ou modelo de utilidade patenteado de outro inventor para prosperar sua criação. Tal fator é comum nos casos em que ocorre a necessidade de utilização da tecnologia de ponta porque dependem da utilização de outro invento. Nas "quarteirizações", decorrentes de uma *joint venture*, ocorre a necessidade de o prestador de serviços atender seu cliente com produtos específicos que, nem sempre, são comuns aos limites tecnológicos da empresa terceirizada. Neste caso, um "quarto" elemento contratado pelo prestador dos serviços poderá desenvolver tecnologia e produtos capazes de atender ao principal (tomador dos serviços) por meio de "quarteirização", ou seja, via *joint venture*.

Como resultado desse estudo, observa-se que o fato de o inventor excluir terceiros da exploração do invento conferido pelo sistema de patentes, resta no reconhecimento da sociedade com aquele que a beneficia com o progresso do desenvolvimento tecnológico. Para *Di Blasi, Garcia* e *Parente*[21], "o sistema

---

(21) *Idem*.

de patentes promove a conciliação dos interesses relativos ao inventor e à sociedade. Confere ao primeiro a proteção temporal do invento e a segunda o conhecimento do conteúdo técnico do invento. Esta é, sem dúvida, a principal função do sistema. A ciência é indispensável ao homem, pois lhe permite conhecer a sua própria natureza e a do meio ambiente que o envolve. A tecnologia representa a solução do homem para os problemas que tendem a dificultar o progresso e o bem-estar da sociedade". E, tal fato, já se consolidaria como condição precípua os motivos que permitem o direito de excluir a possibilidade que outro possa explorar determinado invento conferido pela Patente, pois neste caso o inventor tem interesse em auferir sozinho o lucro com a exploração de um invento. Nada mais justo do que aquele que despendeu seu tempo para consecução de um invento possa recepcionar os lucros resultantes do seu invento que, sem dúvida, poderá beneficiar a sociedade com o progresso tecnológico.

Essa é a maior razão de ser elemento propulsor de uma criação, pois não há qualquer possibilidade de discussão que permita excluir o reconhecimento pecuniário fruto da inteligência e da capacidade intelectual produtiva, mote cardinal desse trabalho.

Ainda, sobre as Patentes, é mister registrar que existem dois tipos de patentes:

a) Patente de Invenção (PI), a qual decorre de um produto ou processo de fabricação novo e que se constitui como progresso se comparado com outro produto existente do mesmo setor tecnológico;

b) Modelo de Utilidade (MU), que resulta em melhoria de caráter funcional de um objeto que já existe, podendo apresentar modificações em sua forma caso seu uso prático ou parte dele seja considerado como nova e suscetível de aplicação industrial, envolvendo ato inventivo que será decorrente.

Se da criação resultar em vantagens para o usuário, tornando o objeto mais prático para uso ou para sua fabricação, consequentemente, se conduz a um modelo de utilidade. Mas se a criação apresentar uma considerável melhoria em termos de funcionamento, ou seja, para função do produto enquanto utilizado — certamente — estará diante de uma invenção.

Pode parecer uma linha tênue, mas de fácil compreensão se focada a utilização e a reação diante dessa mesma funcionalidade. Essa é a motivação que se traduz nas diferenças diante da similaridade aparente.

Em se tratando de prazos, verifica-se que o direito de Patente é temporário. A legislação assegura prazo ao inventor para que terceiros não explorem seu invento sem autorização e, exatamente, nesse período será permitido ao inventor tirar proveitos materiais sobre o invento. A Patente de Invenção vigorará por longos 20 (vinte) anos e o Modelo de Utilidade por 15 (quinze) anos contados da data do depósito do pedido junto ao órgão competente, vedado prazo de vigência inferior a 10 (dez) anos para a PI e de 7 (sete) anos para o MU, sempre, contados da data da concessão. Expirado esse prazo, o invento cairá sob domínio público e poderá ser — livremente — explorado por terceiros e alheios.

Essa terminologia que se infere na Propriedade Intelectual — em especial — do termo Invenção, na verdade, significa a capacidade de criar algo que, ainda, não existe. A interpretação do que seria Invenção se traduz pela operação do pensamento referente àquilo que surge pela primeira vez, ou seja, que é inédito. Porquanto, ao referir-se a uma invenção, delineará um processo que se divide em duas fases distintas: a tecnológica e a jurídica. A tecnológica trata da invenção, enquanto a jurídica considera a invenção do ponto de vista ligado aos privilégios por ela alcançados e registrados no seu específico regime legal. Também, para que possa ser protegida, judicialmente, a invenção atenderá a algumas condições previstas na lei e o art. 8º da Lei de Propriedade Industrial trata — justamente — desses requisitos básicos e essenciais à patenteabilidade das invenções que, por curial, se traduzem pela novidade, atividade inventiva e a aplicabilidade industrial.

O quesito "novidade" é referência de uma ordem hierárquica, e mais consistente para a obtenção da Patente. Já, em outro prisma, a condição de atividade inventiva dependerá — necessariamente — da preexistência da novidade. Estrito senso, a palavra invenção é considerada como nova a partir do momento que não esteja compreendida ou vinculada a condição técnica. Essa condição técnica, como o próprio art. 11, § 1º, da referida lei relata, trata-se de "tudo aquilo tornado acessível ao público antes da data do depósito do pedido de patente, por descrição escrita ou oral, por uso ou qualquer outro meio, no Brasil ou no exterior...". Este, digamos, estado da técnica compreende como tudo aquilo que se tornou acessível ao público. Esse tal conceito de novidade, certamente, tem caráter legislativo, ou seja, que está relacionado à publicação ou divulgação da invenção ou do modelo de utilidade, conforme os requisitos da legislação propriedade industrial. Quanto aos pedidos de patentes depositados e, ainda, não publicados (por sigilosos), se analisados pelo prisma da nova redação dada pela lei no § 2º do art. 11 restará se concentrando na matéria de um pedido que por não publicado deverá servir como estado da técnica com intuito de evitar que dois pedidos contenham a mesma matéria e possam ter sua carta patente expedida, apenas, pelo fato de o mais antigo registro, ainda, estar em sigilo na medida em que o depósito do pedido mais recente já havia sido efetuado. E de acordo com o art. 29 da lei, todo pedido de patente, mesmo que retirado ou abandonado, obrigatoriamente, será publicado e consolidado como estado da técnica.

Podem existir fatos que resultem na perda da novidade. São eles as existências de um pedido ou de uma patente antes da data do depósito da referida invenção, também, o uso para fins e de interesse público ou até a divulgação do mesmo. Mesmo nestes casos, não será considerada como estado da técnica a divulgação do invento que decorre em até doze meses antes da data do depósito ou da prioridade do pedido formulado ao órgão competente quando realizada pelo inventor ou por terceiros que obtiveram as informações direta ou indiretamente do inventor ou em decorrência de atos por esta realizados, seja pelo INPI (Instituto Nacional de Propriedade Industrial) que é o órgão administrativo responsável pelos pedidos de patente. Esse prazo é conhecido como período de graça que a lei brasileira concede ao inventor, porém é preciso que o inventor possua provas da primeira divulgação com desiderato de evitar que terceiros obtenham o privilégio de sua patente.

Na esteira dessa capacidade do ser humano poder inventar, denota-se a existência de um limite para que as criações não ocorram de maneira óbvia no que refere ao estado da técnica, vez que a invenção é, sem precedentes, um objeto que resulta própria atividade inventiva. Há um sentido inerente que busca analisar se a invenção representa mais do que uma simples aplicação de conhecimentos para quem se dedica ao elemento técnico e este mesmo elemento será a tônica da motivação a patenteabilidade que, de caráter subjetivo, pode apresentar-se simples ou muito complexo para os intérpretes. Contudo, os requisitos podem ser avaliados em aspectos diversos, pois resultam da atividade inventiva pelo efeito técnico e inovador ou que permite a obtenção de um produto ou processo com a mesma qualidade, enfim, com eficiência e técnica que exija custo reduzido, também que permita a simplificação da fabricação sem alterar a qualidade ou o funcionamento do produto. Quanto aos modelos de utilidade, ressalve-se, há uma indelével modificação no texto da lei no que concerne ao conceito de ato inventivo que poderia ser interpretada como uma atividade inventiva em menor proporção. Em contrário senso da atividade inventiva, visto que o ato inventivo não decorre de maneira regular para o técnico da área, sim, evitando torná-lo simplório diante do estado da técnica em que o modelo vem a ser um objeto que apresente uma nova configuração e reste em melhoria funcional no seu uso ou fabricação, interpretando-se de forma oblíqua os estudos de *Antonio Luiz Figueira Barbosa*[22]. No detalhamento que se traduz pela aplicabilidade industrial, caracterizada pelo art. 15 da Lei de Propriedade Industrial dispõe que "a invenção ou modelo de utilidade são suscetíveis de aplicação industrial quando possam ser utilizados ou produ-

---

(22) BARBOSA, Antônio Luiz Figueira. *Sobre a propriedade do trabalho intelectual* — uma perspectiva crítica. Rio de Janeiro: UFRJ, 1999.

zidos em qualquer tipo de indústria", consequentemente, apresentando resultado industrial definido como soma de vantagens que a invenção agrega, também, privilegiava as invenções suscetíveis de utilização industrial em que se verifique a expressão "utilização industrial". Tal expressão destina-se a defenestrar do seu campo de aplicação as criações intelectuais, puramente: científicas, literárias e artísticas. Na verdade, a aplicabilidade industrial se traduz por um conjunto de atributos que venham a diferençar as criações intelectuais de outro gênero ou que satisfaçam às necessidades de ordem prática ou técnica e considerando necessária a presença de todos esses referenciais, cumulativamente, para proporcionar que um invento ou modelo de utilidade possa ser patenteado.

Por outro prisma, verifica-se que determinados inventos que preenchem os requisitos da novidade, inventividade, utilidade e suscetível de aplicação industrial não são patenteáveis. Ocorre que o art. 18 da Lei n. 9.279/96 indica o elenco de invenções e os modelos de utilidade que não admitem patente por motivos de ordem filosófica ou pública ou por motivos vinculados à política econômica, por exemplo: o que for contrário à moral, aos bons costumes e à segurança, e à saúde públicas; ou as substâncias, matérias, misturas, elementos ou produtos de qualquer espécie, bem como a modificação de suas propriedades físico-químicas e os respectivos processos de obtenção ou modificação, quando resultantes de transformação do núcleo atômico; e o todo ou parte dos seres vivos, exceto os micro-organismos transgênicos que atendam aos três requisitos de patenteabilidade — novidade, atividade inventiva e aplicação industrial — previstos no art. 8º e que não sejam meras descobertas. Ainda, descreve a lei que micro-organismos transgênicos são organismos, exceto o todo ou parte de plantas ou de animais, que expressem, mediante intervenção humana direta em sua composição genética, uma característica normalmente não alcançável pela espécie em condições naturais. Denota-se que, teoricamente, a lei exclui do patenteamento inventos que são considerados incompatíveis com a política industrial do país, ou atentam contra a ordem pública, a moral ou a segurança. Essa restrição, em especial, no que concerne à patenteabilidade de invenções contrárias à lei — na verdade — foi extinta porque desnecessária e motivado pela patente que não permite exploração do bem em que o uso é, apropriadamente, ilegal. Entrementes, as invenções em que o uso pode trazer prejuízo à saúde, também, têm denegação de patente mesmo que máquinas, aparelhos e os processos químicos decorrentes do seu uso possam provocar risco à saúde ou à vida que não estejam compreendidos ou excluídos pela legislação específica. E, quando resultantes de transformação do núcleo atômico, também, não podem ser patenteadas as matérias e suas modificações de propriedades físico-químicas, bem como os processos de obtenção porque a desintegração nuclear se interliga com aspectos de regulação que envolve a segurança e a proteção da humanidade. Nessa esteira, ainda, não podem ser patenteados os seres vivos, desde que não sejam micro-organismos transgênicos que atendam à patenteabilidade. Já, os micro-organismos pela sua própria condição não são patenteáveis, mas se estiverem associados aos processos industriais, ressalve-se, o processo em separado pode ser protegido. Caso se oriente por tendências internacionais, são patenteáveis os processos microbiológicos, físico-químicos, quando iniciados por concepção de micro-organismos, por exemplo: a fermentação de produtos como leite (iogurte) e uvas (vinhos). Esses processos podem levar aos micro-organismos transgênicos, que expressam uma característica não alcançável pela espécie em condições normais, sujeito à mutabilidade genética e, no mesmo diapasão, impossível patentear as plantas porque existe uma proteção vinculada às suas mais diversas variedades por meio de um sistema *sui generis*, que tem previsão legal na Lei n. 9.456/97 (Proteção de Cultivares). Esse número de restrições à patenteabilidade diminuiu em relação ao Código de Propriedade Industrial de 1971, em contrário senso, ampliou a possibilidade de patenteabilidade dos inventos e modelos de utilidade e só não são patenteáveis aquelas criações que atendem à ordem filosófica, política e econômica, *stricto sensu*.

Outra versão do estudo se firma na invenção como objeto da Patente, em que *Gama Cerqueira*[23] assevera que o termo invenção pode ser interpretado por vários conceitos como aqueles que se prendem a faculdade de inventar ou no ato de inventar, também, da coisa inventada e no achado ou descoberto. Nessa discussão, o entendimento doutrinário costuma distinguir a expressão "invenção" de "invento" e considera invenção como a atividade inventiva. Já o termo invento, entende-se, resulta dessa mesma atividade. Na verdade, a lei não faz tal distinção nem mesmo conceitua esses termos, visto que seu conceito é mais técnico que jurídico.

Essa diversidade de interpretações sobre a invenção pode ter vínculos no Direito Civil, segundo o art. 1.233 do Código Civil Brasileiro prescreve, entrementes, na Propriedade Industrial a invenção não pode ser considerada descoberta, pois só é permitido descobrir o que já existe no universo, quando a invenção é algo que jamais foi visto ou conhecido, anteriormente. *Gama Cerqueira* faz essa distinção com maestria e acusa que: "a invenção (...) apresenta-se como a solução de um problema técnico, que visa a satisfação de fins determinados, de necessidades de ordem prática; a descoberta, ao contrário, não visa a fins práticos preestabelecidos e apenas aumenta a soma dos conhecimentos do homem sobre o mundo físico. (...) Pode-se ainda dizer que, na descoberta, não é o espírito inventivo que atua, mas o espírito especulativo e as faculdades de observação, de modo que, com a descoberta,

---

(23) CERQUEIRA, João da Gama. *Tratado da propriedade industrial*. São Paulo: Revista dos Tribunais, 1982. v. I e II.

ficamos no campo da ciência e *do* intelecto especulativo, ao passo que, com a invenção penetramos no domínio da realização e do intelecto prático". O que se afigura, no epicentro dessa matéria tão complexa e detalhista, é uma considerável discussão sobre a distinção entre invenção e descoberta que tem relevante importância no estudo da Propriedade Industrial, ainda, porque não constituindo esta última como preposição a invenção, a qual não permite ser objeto da proteção assegurada por lei. Ademais, não se pode oferecer um conceito exato do que seja invenção, propriamente dita, pois mais válido será obter uma noção de invenção industrial e conhecer as condições impostas pela lei para que a invenção possa ser objeto de proteção jurídica. Nessa questão, o doutrinador *Gama Cerqueira*[24] nos oferece uma noção de invenção industrial, conceituando que "a invenção, pela sua origem, caracteriza-se como uma criação intelectual, como o resultado da atividade inventiva do espírito humano; pelo modo de sua realização, classifica-se como uma criação de ordem técnica; e, pelos seus fins, constitui um meio de satisfazer às exigências e necessidades práticas do homem. Por derradeiro, verifica-se que mediante essa noção há possibilidade de limitação do campo de aplicação da lei, visto que sendo uma criação de natureza intelectual permite-se excluir as descobertas caso vise à satisfação de ordem prática e excluídas as criações artísticas, sucessivamente, para estabelecer por vez a noção do que é ou não considerado como invenção para fins de patente.

Essa polarização entre o que é ou não patenteável fica adstrito à própria legislação (Lei n. 9.279/96) que, por sua vez, distingue o não patenteável pela proibição legal e o que não se pode patentear por não constituir invenção ou modelo de utilidade. Tal prerrogativa está prevista no art. 10 da Lei de Propriedade Industrial, que exemplifica os casos em que não se considera invenção nem mesmo como modelo de utilidade às descobertas, teorias científicas e métodos matemáticos. Essas não são consideradas como invenções por não serem provenientes de criação do homem e, por sua vez, as teorias científicas e os métodos matemáticos por não apresentarem o requisito de aplicabilidade industrial Tal assertiva não significa que um processo industrial que tenha dentre suas etapas uma teoria ou um método matemático não seja passível de privilégio. Ainda, as concepções puramente abstratas, porque não são invenções que dependem de aplicabilidade industrial. Já os esquemas, planos, princípios ou métodos comerciais, contábeis, financeiros, educativos, publicitários, de sorteio e de fiscalização, visto que se trata de inovações que resultam — exclusivamente — de atividade intelectual, sem o uso ou aplicação das forças da natureza, não possuindo aplicabilidade industrial. No que concerne às obras literárias, arquitetônicas, artísticas e científicas ou qualquer criação estética, explicitamente, por não possuírem

---

(24) *Idem*.

aplicabilidade industrial, podem considerar-se protegidas pelo direito de autor. Ainda, os programas de computador na informática, já que dependem de aplicabilidade industrial. Mas, ressalve-se, podem ser protegidos pelo direito autoral em se tratando de uma versão "computadorizada" de obras literárias. Aqui, denota-se que a exclusão não se estende aos *softwares inventios* contabilizados como criações que combinam características de processo ou de produto com etapas de programa de computador. Porém, os *softwares* são protegidos por patentes porque a proteção vai proteger a ideia de caráter técnico que foi implementada em um produto, jamais, uma criação intelectual como os programas. Aqui no Brasil, os *softwares* são protegidos como métodos, inserindo os mesmos em diagramas lógicos. Tem-se como exemplo de *software* o sistema que gerencia, automaticamente, o suprimento de serviços de clientes em diferentes distâncias e localidades. Há o caso da apresentação de informações, na qual as informações por si não podem ser consideradas como invenção. Entrementes, essa referida exclusão não se estende aos aparelhos e produtos que apresentam informações, vez que preenchem os requisitos de patenteabilidade exigidos por lei. Quanto às regras de jogo, falta-lhe o requisito de aplicabilidade industrial que, por analogia às obras literárias, restam protegidas como direito de autor. As técnicas operatórias ou cirúrgicas e métodos terapêuticos ou de diagnóstico, para aplicação no corpo humano ou animal, em que pese no conceito subjetivo se constituem invenção por definição, são excluídos pela interpretação de ordem filosófica e não conceitual. No caso de no todo ou parte de seres vivos naturais e materiais biológicos encontrados na natureza, ou ainda que dela isolados, inclusive o genoma de qualquer ser vivo natural e os processos biológicos naturais, valerá a tese de que pelo fato de ser produzido pela natureza não é um processo criativo, para tanto, não resulta em invenção. No entanto, o processo utilizado para isolar o material biológico e os processos biotecnológicos para obtenção de seres vivos não encontrados na natureza pode ser considerado invenção e patenteável apenas o primeiro porque o segundo, apesar de constituir invenção, não é privilegiável e as criações apontadas não são consideradas invenções porque não possuem requisitos de patenteabilidade e ausente a aplicabilidade industrial, que é condição curial para o aperfeiçoamento da patente.

## 3. LEI DA PROPRIEDADE INDUSTRIAL E A LEGISLAÇÃO DO TRABALHO — CONFLITOS E PERSPECTIVAS

As temáticas que serão trazidas ao debate, por diante, se constituem como pedra de toque para a consolidação de um pensamento que poderá mudar por completo a concepção e os valores sobre as relações de propriedade industrial e de trabalho. Tais medidas, se mensuradas dentro de um pensamento lógico e racional capaz de manifestar seus mais íntimos desejos, podem, sobremaneira, restar promovendo a criação de um comando legal que reconheça o elemento criativo do ser humano e, dele, resulte a compreensão de que toda e qualquer manifestação de criação intelectual deverá ser recompensada com o enriquecimento patrimonial de caráter comutativo e bilateral ou não passarão de obrigações derivativas obrigatórias que sucedem um pacto realizado entre duas partes distintas. Os direitos que aqui serão debatidos, de natureza específica e diferenciados, serão por diante absorvidos e capitalizados de acordo com os interesses envolvidos. Antes de iniciar os confrontos, será mister que o intérprete supere suas próprias convicções, sujeitando-se adentrar em elucubração sobre os paradoxos decorrentes dos conflitos entre o Direito da Propriedade Intelectual e o Direito do Trabalho, com as suas soluções e perspectivas afloradas na mais ampla e possível discussão.

Quando se chega ao ápice na descoberta de um produto, mister sua consequente legalização para não só evitar a perda dos direitos sobre ele, como também pela motivação e reconhecimento do criador — enfim — da conscientização humana em saber que há uma pessoa que promoveu um bem para a humanidade.

Claro, há uma versão humanista envolvida nesses referenciais práticos e simbólicos.

Reconhecida essa sensível e gloriosa capacidade de produção de natureza intelectual, resta agora promover o incentivo e a realização de inventos pelo aumento de conhecimento dentro dos mais diferentes campos da técnica, de maneira que se proporcione o desenvolvimento tecnológico e econômico para qualquer país que deseja crescer e se desenvolver. Isto se constitui em paradigmas que, por experiência, se exemplificam na maior parte das patentes concedidas e relacionadas às invenções que surgem em âmbito empresarial. Nos EUA, os inventores empregados são responsáveis por respeitável percentual dos inventos realizados no país onde, entre 1939 e 1955, foram patenteadas 348.125 invenções das quais 58,51% de empregados na avaliação de *P.J. Frederico*[25]. No Reino Unido, as patentes que resultaram de transferência de direitos entre o inventor-empregado ou prestador de serviços e o patrão constituem maioria e, na França, esse percentual tem alta variação dos envolvidos. Aqui no Brasil, até a presente data não existe um estudo estatístico sobre o número de inventos originados no âmbito empresarial ou nas universidades, entretanto existem relatos que acusam a maior parte das invenções, definitivamente, são dos empregados e realizadas durante o pacto laboral.

Se tal ausência de dados é proposital, paradoxal ou providencial não vem ao caso discutir nessa oportunidade, mas que é inconcebível para um país como o Brasil não reconhecer necessária essa estatística — sem dúvida — outro motivo para impingir a condição de país "subdesenvolvido", ainda, porque se deveria dar mais atenção a essa espécie de pesquisa que resulte em grandes inventos. Nessa esteira, o regime aplicável a esta categoria majoritária de "produtores de inventos" pode ter uma importância determinante na economia da inovação e no seu desenvolvimento. Esse, sempre, será o mote e as motivações para encontrar soluções que podem ser adotadas pelo legislador brasileiro e que será, ao final, transformado em um projeto de lei disponibilizado para um possível aproveitamento da criação acadêmica ao interesse legislativo ou para que sirva de inspiração aos novos paradigmas que provocarão a construção de um sistema de autonomia e liberdade contratual plena, também, integrados num modelo contratual em anexo.

Contudo, passa por esse debate as demasiadas experiências já consideradas aqui e divididas em categoria dos inventos por empregados. Decorrem das invenções de serviço, realizadas pelo empregado contratado só para inventar; das invenções livres, aquelas que não se originam do contrato de trabalho e nem são usados meios do empregador para a realização; também, pelas invenções mistas, aquelas realizadas pelo empregado não contratado para inventar, mas que utiliza dados e elementos ou meios do empregador para consolidá-las. Ainda, da competência para dirimir os conflitos de interesses que surgem entre empregados e empregadores devido à produção de um invento, matéria que não é pacífica nos tribunais. E das que resultam da prestação de serviços sem vínculo empregatício, estágio ou oriundas do serviço público.

---

(25) FREDERICO, P. J. *Distribution of patentes issued to corporation, journal of.* P.O.S., 1996. p. 405.

Superadas essas acomodações conceituais e legais, depara-se com um texto de lei no qual as criações e qualquer espécie de invento que decorra de um contrato de emprego devem estar sujeitas às regulações determinadas pela lei de propriedade intelectual que, por sua vez, inibe a contraprestação em regime especial para estes casos e comanda no sentido da paga remuneratória vinculada às obrigações de natureza derivativa, ou seja, dos salários devidos ao empregado inventor. Em contrapartida, excepciona aqueles que desejam fazer contratações específicas para o reconhecimento dos inventos em locais de trabalho que, por sua vez, poderão ser reconhecidos pela descoberta em superficial bonificação, sempre, valorizando o produto e não o criador com as determinações ressalvadas quanto a sua patente e registro.

Em outro campo de discussão, é cristalino que a legislação do trabalho já tratou do tema em seu art. 454 da CLT, revogado, com o advento da lei de propriedade industrial. Mas sabe-se que o decreto-lei que trouxe a legislação trabalhista ao mundo jurídico em 1943 por Getúlio Vargas é uma lei especial que, também, criou uma Justiça Especial e que, na lição de *Miguel Reale*[26], propulsores dos institutos jurídicos ligados à introdução ao estudo do Direito, enfim, das obras-primas que recheiam nossas bibliotecas, uma lei geral não é capaz de revogar uma lei especial. Se tivermos a lei de propriedade industrial como uma lei de caráter geral, e, sem sombra de dúvida, é — por outro lado — temos a Consolidação das Leis do Trabalho como lei especial, que é. Se a "revogada" CLT antes asseverava prerrogativas ao empregado inventor, por que a legislação geral "atual" de propriedade industrial haveria por revogá-la? Esta será uma pergunta que não se calará por muitos e muitos anos, mas que antemão já nos causa espécie e, de qualquer sorte, incompreensão pela capacidade de "furtar" direitos antes adquiridos em troca de proteções a produtos e objetos em detrimento da capacidade humana.

Quem vale mais, o homem ou sua criação? Criador ou criatura?

Essas são mazelas oriundas de regimes autoritários que foram capazes de negar reconhecimento ao instinto humano para compensar os valores atribuídos à produção em um paradoxo que estimula o conflito entre Capital e Trabalho. Em toda essa análise teve como principal fundamento chegar à conclusão se a legislação brasileira no tocante aos inventos de empregados estimula ou não a inventividade, fator de desenvolvimento do país.

O que se tem hoje, uma legislação que regra a capacidade intelectual diante do interesse econômico envolvido e que assegura ser do empregador a patente dos produtos criados ou inventados durante o contrato de emprego e que desse invento será consequência uma paga remuneratória mensal

---

(26) REALE, Miguel. *Lições preliminares de direito*. 7. ed. São Paulo: Saraiva, 1980.

reconhecida pelo termo salário que designará a contraprestação decorrente de qualquer seja a descoberta ou invento, modelo de utilidade, enfim, frutos da criação do homem que, enquanto empregado, restará sujeito ao seu contrato e dos consectários agregados como, por exemplo: férias, 13º salário, FGTS e outras verbas de natureza trabalhista.

Por derradeiro, se a CLT não se constitui capaz de reconhecer a capacidade inventiva do empregado por meio de paga extra ou especial, nem mesmo há legislação adjacente que trate sobre essa temática, então, caberá ao pactuado entre empregado e empregador valer como objeto de tratativas em que os acordos firmados entre as partes, sempre, condicionados à lei e aos princípios gerais do Direito do trabalho e possíveis para condicionar as normas sobre pagar ou não pela criação nessas condições.

Ademais, a legislação que normatiza a propriedade industrial será válida para todos os casos que envolvam tais pendengas e, em face de omissão do Texto Consolidado, tratará na íntegra dos casos comuns e especiais em que houver querelas sobre inventos na ocorrência de um contrato de emprego. Porém, quando tais questiúnculas forem levadas a juízo — sempre — será a Justiça do Trabalho competente para solucionar tais litígios (art. 114 da Constituição Brasileira), como será analisado em outro capítulo.

# 4. INVENÇÕES DECORRENTES DO CONTRATO DE EMPREGO

Já discutido, exaustivamente em outro momento, no século XVIII o desenvolvimento industrial ganhava proporções cada vez maiores. Verifica-se como efeito da Revolução Industrial a celebração do desenvolvimento tecnológico decorrente das invenções de máquinas e produtos se sucedeu um processo, progressivamente, célere para o país. Contata-se no século XIX o surgimento de invenções como o telégrafo, o rádio, o telefone, a lâmpada incandescente, enfim, produtos que até a presente data são de grande utilidade na vida diária. As empresas passaram a fazer planejamento e sentiram a necessidade de estabelecer estratégias mais competitivas para enfrentar a concorrência que iniciava sua conexão com essas novas fontes produtivas. A tecnologia passou a constituir um fator determinante do planejamento empresarial e laboratórios, bem como centros de pesquisas começaram a desenvolver novas técnicas para atender às necessidades existentes, antecipando-se a demandas futuras. Nessa esteira, a empresa que tivesse acertado em seu esforço prospectivo — certamente — teria vantagem em relação às outras e, por consequência, preparados para se confrontar diante de um próspero mercado consumidor. Na visão de *Nuno Carvalho*[27], tal fenômeno só se verificou "a partir do momento em que o capitalista inclui a produção de tecnologia nas suas prospecções, vale dizer, a partir do momento em que ele passou a orientá-la e a controlá-la. E a maneira de fazê-lo foi chamar o inventor a integrar-se nas grandes corporações, para servir à estratégia do capital. Ali, naquele momento, se constatou que as invenções mais importantes da história foram provenientes de inventores autônomos, contudo essa tendência se modificou e as invenções passaram a ser criadas por inventores que faziam parte do corpo funcional das grandes empresas ou de centros de pesquisa universitários que eram patrocinados por estas mesmas empresas. Observe, na totalidade, no decurso do século XX que o inventor isolado ou empreendedor individual se transformou em empregado como já foi demonstrado, anteriormente. Como consequência desses processos,

---

(27) CARVALHO, Nuno Tomaz Pires. Os inventos de empregados na Nova Lei de Patentes I. *Revista da ABPI*, n. 22, maio/jun. 1996.

os poderes constituídos enfrentam uma situação inusitada em que não havia leis para proteger nem mesmo o direito à época não seria capaz de encontrar uma resposta para tal situação.

Naquela mesma época, observa-se que as leis de patentes que começaram a ser adotadas pelos países do mundo, em regra, enquadravam a invenção patenteada como ativo empresarial, enfim, capitalizados aos partidos do sistema e sem tratamento diferenciado ou, sequer, sujeitos à análise prévia. Em contrário senso, as leis de natureza trabalhista adotavam políticas populistas que defendiam os excessos da Revolução Industrial ante o trabalho, sempre, no sentido de minimizar o desequilíbrio econômico e social extrato da produção com adoção de normas de proteção ao hipossuficiente e, consequentemente, surge a necessidade de criar uma legislação que tratasse dos inventos surgidos no ambiente de trabalho e das possíveis benesses para o trabalhador decorrentes desse fato.

Não se pode olvidar que a Propriedade Industrial é garantida pela Carta Política, em especial, pelo art. 5º, XXIX, que dispõe: "a lei assegurará aos autores de inventos industriais privilégio temporário para sua utilização, bem como proteção às criações industriais, à propriedade das marcas, aos nomes de empresas e a outros signos distintivos de acordo com o interesse social envolvido e o desenvolvimento de ordem tecnológica que vincula o sistema econômico do país e, nesse prisma, a patente mesma constituída como garantia constitucional ao indivíduo, torna-se instrumento de promoção na direção do desenvolvimento que pode significar direitos aos inventores que são empregados e, jamais, diminutos diante dos interesses econômicos de uma empresa ou investidor. Na contrapartida, há um direito que protege e luta contra o desequilíbrio de forças que coloca o empregador em condição de superioridade diante do empregado, então, além de estabelecido em título próprio e fruto de decreto-lei que lhe dá força em confronto com leis gerais, vê-se assegurado pela Constituição da República Federativa do Brasil, especialmente, no comando exposto pelo art. 7º que se intitulam como direitos sociais e fundamentais do cidadão. Esses direitos dos trabalhadores regulados por matéria de ordem pública e econômica se fundamentam na valorização do trabalho humano e teriam de se fundir com os comandos legais constitucionais e ordinários da Propriedade Industrial, impedidos de proteger o avanço tecnológico em detrimento da valorização do trabalho humano.

Fruto das interpretações já apresentadas nos capítulos anteriores, a Propriedade Industrial é uma matéria de natureza multidisciplinar, visto que se interliga com vários ramos do direito, também, com direito constitucional, administrativo, comercial, civil e penal. Nesse diapasão, vinculado ao Direito do Trabalho que dele se orienta para estabelecer critérios específicos que dizem respeito à proteção de mercado, por exemplo, nos casos de mercado relevante que impede monopólio ou oligopólio na produção de bens de consumo que se obrigam respeitar o emprego e suas consequentes condições para manutenção da ordem social e humana. Vê-se que o instituto jurídico denominado de "Inventos de Empregados", que é objeto da lei que regula a Propriedade Industrial está, umbilicalmente, relacionado com o Direito do Trabalho e não é possível dissociar essas legislações que devem ser interpretadas em conjunto com outros ramos do direito, pelos seus efeitos multidisciplinares. Ocorre que o fato da matéria ser regulada por normas especializadas de Propriedade Industrial, jamais, afastará os princípios que se superam diante das normas e princípios do Direito do Trabalho. No quesito da invenção e suas implicações jurídicas reguladas pela Lei n. 9.279/96, sempre, estarão sujeitas ao que estabelece o contrato de trabalho e aos direitos regulados pela CLT. É mister entender que Direito do Trabalho e Direito da Propriedade Industrial se regem por princípios jurídicos bem delineados e, diametralmente, opostos. Tem-se as patentes que se constituem numa garantia de direitos individuais e que é considerada como um instrumento de desenvolvimento para o país, mas não se pode desmerecer o Direito do Trabalho que protege os mesmos direitos individuais assegurados pela propriedade industrial e que são fruto de pessoas que estavam na plenitude de sua capacidade de trabalho, ou seja, de trabalhadores em gênero, também, em espécie.

Para criar diferenciais de interpretação desses conflitos de ordem legislativa ou de direitos aplicados, por cases, no desenvolvimento de um caso concreto os princípios da Propriedade Industrial e do Direito do Trabalho, separadamente, encontram no Poder Judiciário decisões injustas e inadequadas que podem prejudicar a atividade inventiva. Lógico, sabe-se que qualquer política econômica básica exige um custo baixo tanto na criação quanto na exploração do invento e a consequente remuneração do empregado inventor pode restar impondo o aumento desses custos agregados. Entrementes, a hermenêutica que decorre do Direito do Trabalho defende que o empregado submete-se a esforços despendidos em favor do capital e a sinergia retratada pela utilidade patrimonial do trabalho induz que o autor da criação não poderá despender forças produtivas que se integram ao patrimônio alheio por simples troca de obrigações de natureza derivativa — ou seja — não se reconhece um *plus* que se origina num invento criado durante a função laborativa por simples paga ao final do mês, assim encerrado um ciclo intelectual ativo. Há de se reconhecer a capacidade intelectual produtiva evidenciada pelo invento por parte de um empregado no decorrer do pacto laboral, que ultrapasse a barreira das obrigações de dar e fazer para uma contraprestação que possa beneficiar o criador e incentivá-lo na continuidade do processo inventivo de forma que se tenha um equilíbrio entre os interesses do patrão e os direitos do empregado, sem nenhuma espécie de esmolar-se ou evidenciar gorjetas pelo singular ou coletivo trabalho dedicado à criação.

Será preciso reconhecer os princípios que norteiam o Direito da Propriedade Industrial e do Direito do Trabalho por prismas próprios e reverenciados de maneira associada e, porque não derivada já que só assim pode-se promover avanços tecnológicos capazes de permitir o desenvolvimento da nação e a valorização do capital humano como permissivo obrigatório ao enriquecimento de um povo, seja pelos conceitos tecnológicos ou pela migração e imigração da inteligência que — por infelicidade de um pobre legislador ou intérprete — afastou-se do Brasil a partir de 1996. As normas jurídicas de Propriedade Industrial e de Direito do Trabalho se completam, pois a Propriedade Industrial trata de invento ou modelo de utilidade com a regulação das questões da patente e o Direito do Trabalho define os direitos e deveres de empregados e empregadores. E, mesmo que a matéria sobre invenções de empregados esteja inserida no contexto da promoção e do desenvolvimento tecnológico na lei de Propriedade Industrial, denota-se que o invento é fruto da criação humana e quando realizado dentro do universo empresarial e decorrente da relação empregado e empregador, sempre, estará vinculado à capacidade criativa do empregado e dos recursos humanos envolvidos. É cristalino que a função ligada à criatividade é impulsionada de forma subjetiva, mas o estímulo à criação pode ser advindo de processos externos que, por exemplo, ocorrem quando o empregador oferece ao empregado condições de pesquisa para realização de um projeto e a consequente premiação pelo invento. Neste exemplo, se caracterizará o invento relacionado à propriedade industrial e que proporcionará o desenvolvimento — não só para uma empresa — também, para o país. Noutro sentido, há o empregado que foi estimulado para realizar a invenção com apoio do empregador vinculado ao Direito do Trabalho. Neste sentido, ao promover um ambiente e remuneração adequada ao empregado, com base no Direito do Trabalho, as possibilidades de ser realizado um invento com um avanço tecnológico agregado ao desenvolvimento econômico do país serão otimizadas e, assim não se permite imaginar esses institutos dissociarem-se na lei específica, na Constituição e na prática.

Todos os movimentos decorrentes do direito de patente e da propriedade estão consignados no art. 6º da Lei n. 9.279/96, assim dispondo seu *caput*: "Ao autor de invenção ou modelo de utilidade será assegurado o direito de obter a patente que lhe garanta a propriedade, nas condições estabelecidas nesta Lei". Da leitura do artigo supracitado, percebe-se que a autoria determina a propriedade. Decorre direito que cada inventor possui pela lei ética natural e esta interpretação e comentada por *Gama Cerqueira*[28], assevera: "o direito que compete ao autor sobre sua criação se funda diretamente

---

(28) CERQUEIRA, João da Gama. *Op. cit.*

na sua natureza individual, é dado imediatamente a ele, pela sua natureza de ser racional. O autor de uma obra literária ou de uma invenção pode dizer que só ele tem direito sobre sua criação, que ela lhe pertence desde o momento em que foi concebida e realizada. Este direito vem-lhe do fato contingente de ser o autor da obra e do princípio, que se impõe à nossa razão, segundo o qual a obra criada deve pertencer exclusivamente ao seu criador, e não a outrem. É um direito inato e tão absoluto que o autor pode conservar em sua mente ou, pelo menos, inédita, por toda a vida, a sua criação, como pode destruí-la antes de divulgada. Por isso, pensamos que a propriedade do autor é de Direito Natural estrito, não dependendo da lei positiva, senão na sua regulamentação". Neste sentido, o direito do inventor é um direito natural de propriedade, e o trabalho se traduz pelo meio de acesso a essa propriedade que é título legítimo de sua aquisição, jamais, seu fundamento como se pode constatar: "Mesmo quando o inventor, por exemplo, trabalha por conta de outrem, cedendo-lhe antecipadamente as invenções que realizar, ele não é menos dono do resultado do seu trabalho. Se a pessoa para quem trabalha lhe adquire a propriedade, isso se verifica ou por força de uma convenção, ou por força da lei. A convenção ou a lei cria, para o inventor, a obrigação de entregar a quem lhe contrata os serviços o produto do seu trabalho, mediante retribuição. Isto supõe, necessariamente, que o bem produzido é ordenado, de modo primordial, ao inventor, como coisa sua". É importante observar que a titularidade do invento pertence ao inventor e que por força de contrato ou da lei podem existir exemplos em que o direito de titularidade e da propriedade dele decorrente é atribuído a outrem, bem como o regime jurídico dos inventos de empregados contém exceções à regra geral de atribuição da propriedade da invenção ao inventor em proposição ao exercício hermenêutico que ampara a posição doutrinária referenciado por *José Carlos Tinoco Soares*[29]. Nessa esteira, no caso de estar o empregado vinculado ao contrato de emprego e obrigado a inventar, por consequência, a propriedade do invento, é atribuída ao empregador e em outra exceção quando o empregado, mesmo que não tenha sido contratado com o intuito de inventar, resta realizando um invento utilizando materiais e equipamentos daquele mesmo empregador que a propriedade é atribuída tanto ao inventor como ao empregador. Esse mote está ligado à locação de direitos em função dessas exceções e a pedra de toque está na medição da contribuição que cada parte contribuiu para realização do invento com objetivo de manter o equilíbrio entre o capital e o trabalho, bem como a preservação da dignidade do trabalhador sem constituir um ônus para as outras pontas do sistema produtivo no fornecimento do material e dos equipamentos, enfim, dos insumos que foram importantes para a criação em epígrafe.

---

(29) SOARES, José Carlos Tinoco. *Lei de patentes, marcas e direitos conexos*. São Paulo: Revista dos Tribunais, 1997.

Em particular, quanto aos inventos dos empregados prescritos pela Lei n. 9.279/96, vimos que o legislador se pautou pela aplicação de um sistema tripartite. Nesse processo que vem sendo adotado desde 1943, à época em que a CLT regulava a matéria, não se verifica nenhuma grande mudança, tão somente, ligeiras alterações. Essa discussão está amparada pelos arts. 88 a 93 e esses mesmos temas estarão sendo revistos para elucidar quaisquer dúvidas que possam causar prejuízo à análise profunda da temática.

Diante de detalhes tão importantes para permitir acentuar, ou até mesmo discernir, as situações que conduzem as condições pelas quais o invento é realizado, e em que situação poderia haver ou não a proteção da lei ou de antecedentes capazes de instruir com presteza que tipo de direitos poderiam dela fluir para capitanear instrumentos de apoio ao momento inventivo, também amparado pela lição de *Orlando Gomes* e *Elson Gottschalk*[30], seguem várias espécies de inventos realizados por empregados como, por exemplo:

a) As invenções de serviço, que são realizadas pelo empregado no cumprimento de suas funções (inventivas) expressas no contrato de emprego ou que deste sejam consequência natural;

b) As invenções mistas ou no estabelecimento, que são aquelas desenvolvidas pelo empregado em atividade não prevista no contrato de emprego com a utilização de dados, elementos ou meios do empregador; e

c) As invenções livres, que são aquelas não incluídas nas duas espécies anteriores em que o empregado inventa durante o tempo livre sem utilizar material do empregador.

Não se pode olvidar das disposições prescritas nos já citados arts. 88 a 93 da Lei n. 9.279/96, que tratam dos inventos de empregados e se ajustam no que couber aos desenhos industriais (art. 121). Tal comando assegura ao empregador o direito da titularidade de uma patente referente a uma invenção ou modelo de utilidade criada por um empregado no cumprimento de funções que obrigam seja inventiva, especificamente, estabelecida em contrato de emprego que "resulte esta da natureza dos serviços para os quais foi o empregado contratado". Na verdade, o objetivo deste comando é assegurar ao empregador o direito à titularidade de uma patente relativa à invenção que resulte de atividade praticada nas instalações de sua empresa-empregadora e com a utilização de meios, logística, estrutura e equipamentos do empregador, também, realizada por profissional cujo contrato de emprego tenha especificado tal situação. Observe, nesta oportunidade o invento que surgiu desses elementos trazidos pelo pactuado, sempre, pertencerá com exclusividade ao empregador.

---

(30) GOMES, Orlando; GOTTSCHALK, Elson. *Curso de direito do trabalho*. 18. ed. Rio de Janeiro: Forense, 2007.

Ressalve-se, o contrato de emprego é consensual e poderá ser ajustado de acordo com o interesse das partes, também, vinculando-se a regras mínimas que não permitirão confronto com as normas apostas no Texto Consolidado e na Carta Constitucional ou leis extravagantes. Tudo isto, está muito bem amarrado no art. 444 da CLT que marca a natureza híbrida do Direito do Trabalho como privado, sob forte influência de ordem pública — ou seja — caracterizando os "contratos mínimos" como referência para sua realização. Por isto, a fundamentação jurídica que assegura proteção ao empregador sobre o invento desenvolvido pelo empregado, observe, de acordo com essas proposições, se traduz pelo que foi ajustado no contrato de emprego que, sempre, será destinado a subtrair resultados decorrentes do trabalho realizado pelo empregado. Aqui, nessa oportunidade, não restam dúvidas quanto à titularidade do empregador decorrente dessa invenção. Todavia, é mister analisar que seria quase impossível assistir à composição de um contrato de emprego acordar que empregado, além da função de inventar discriminada, tivesse acesso ao produto do invento. Isto só seria aceitável em países do G8 nos quais empresas multinacionais, na maioria de origem norte-americana, aditivas ao contrato que discriminam as funções do empregado e outras responsabilidades como acordo de confidencialidade e outras exigências impossíveis de acreditar sejam realizadas em países como o Brasil, assevera a estudiosa *Elisabeth Edith K. Fekete*[31] e, não obstante tal raridade não se adequar a nossa realidade, os contratos de prestação de serviços costumam impingir essas regras básicas aos contraentes — principalmente — àqueles em que existem empresas do ramo químico envolvido. Tempestivamente, essa foi uma das maiores contendas registradas no âmbito dessa discussão por ocasião da quebra de patentes realizada no Governo Fernando Henrique Cardoso em que o atual Governador de São Paulo, José Serra, era o Ministro da Saúde.

Ocorre que há previsão expressa da atividade inventiva quando o contrato de emprego define as tarefas do empregado com o desenvolvimento de novos produtos e processos industriais, também, no sentido de aperfeiçoar produtos e processos conhecidos como assevera *Nuno Carvalho*[32], entrementes, quando a atividade inventiva decorre ou resulta da atividade contratada ou que as funções do empregado ou a natureza do cargo o obrigue a pesquisa tecnológica na busca de resultados inventivos e, para esclarecer essa afirmativa, caminha-se pelo casuísmo de *Elisabeth Fekete*[33] que traduz

---

(31) FEKETE, Elisabeth Edith K. *A Relação entre empregado e empregador à Luz da Nova Lei de Propriedade Industrial*. In: SEMINÁRIO INTERNACIONAL DE INOVAÇÃO, 01, 1997, Porto Alegre.
(32) CARVALHO, Nuno Tomaz Pires. Os Inventos de Empregados na Nova Lei de Patentes II. *Revista da ABPI* n. 23, jul./ago., 1996.
(33) FEKETE, Elisabeth Edith K. *O Regime jurídico das criações empresariais e terceirizadas*. In: CONGRESSO BRASILEIRO DA PROPRIEDADE INTELECTUAL, 20, 2000, São Paulo.

na prática uma oportunidade que no Rio de Janeiro havia um caso judicial em que um arquiteto da Texaco havia criado um modelo de utilidade apropriado para as bombas de postos de gasolina. Na verdade, criou-se um *design* interessante para aquelas bombas e, no fim, entraram em litígio para descobrir quem — realmente — havia desenhado aquilo, se o inventor ou a Texaco. Após uma contenda complicada, a Justiça do Trabalho da 1ª Região concluiu que se era característica daquela função a criatividade e desenvolvimento de novos *designs* para empresa, mesmo que em contrário senso não seria o empregado um arquiteto, baseando-se na natureza da função restou valendo a tese que o invento era vinculado ao serviço e, assim a Texaco ficou com a patente do invento e dos seus resultados pecuniários. Neste sentido, quando não houver um ajuste contratual dos campos da atividade inventiva do empregado, sem dúvida, restará mais complexa a tarefa de detectar se o invento é decorrente do serviço, cardinalmente, se havia conexão entre a sua aplicação e as atividades fim da empresa. Para tanto, é mister uma prévia análise do objeto aposto no contrato social ou estatuto da empresa para conhecer se determinado invento corresponde à atividade empresarial desenvolvida ou se concorreria com seu empregador no caso de um inventor que explorasse o invento sozinho.

Se uma universidade contrata um docente apenas para lecionar com carga horária definida e, durante o contrato de emprego, esse mesmo professor elabora um projeto educacional que permite a regularização de curso que beneficia a universidade que o contratou, certamente, tal fato se caracteriza como um bom exemplo em que a criação — por não se vincular às atividades descritas e nem mesmo se imiscuir com a natureza do contrato de emprego celebrado — estaria afastada das hipóteses acima discutidas, visto tratar-se de invenção tutelada sob um regime independente do qual havia sido contratado, enfim, neste caso o autor poderia cooptar para si a propriedade do projeto diante das condições que se opuseram ao vínculo institucional decorrente. Este exemplo, poderá ser analisado com acuidade mais adiante, em capítulo destinado às breves indicações jurisprudenciais. Contudo, aqui se poderá concluir que, para os casos em que não há previsão expressa, a invenção será de serviço no que depender do teor contratado e será dependente de uma relação em que seja pujante o elemento nexo causal que une causa e efeito numa sinergia criada entre a sua aplicação e o resultado operacional do empregador, enfim, da motivação que providenciou condições para que o invento pudesse ter sido elaborado e pelas próprias características da empresa em que o invento foi criado. Esses elementos podem suprir a assertiva que o contrato de emprego será essencial para o reconhecimento da patente e que as condições só serão válidas a partir do momento em que entrelaçarem ao fato gerado e a consequência deste mesmo fato para criar o ambiente específico de reconhecimento do invento e do seu verdadeiro propulsor.

No cerne da questão, em se tratando das oportunidades em que o empregado promove a invenção de serviço, visto haver sido contratado para criar e inventar, por consequência, não estará sujeito ao pagamento de um *plus* ou de qualquer espécie de gratificações como resultado do seu invento. A Lei de Propriedade Industrial prevê que a retribuição pelo invento se limita ao salário ajustado, salvo disposição contrária aposta em contrato — consensualmente — ajustado entre as partes contraentes. Nesse diapasão, ainda, resta interpretações opostas que vamos tratar mais adiante e que podem ser objeto de revisão legislativa se essas mesmas argumentações opositoras declinarem em defesa da corrente que entenda se tratar de um efeito necessário para sobrevivência do intelecto e da capacidade criativa dos envolvidos. Mas, em contrário senso, retoma-se que se um invento for proveniente de atividade expressa em contrato de emprego, uma justa retribuição para o agente, então, empregado que a desenvolve já estará integrada no valor correspondente ao salário e como fruto das obrigações de *dare* e *facere* que classificam as declarações de vontade apostas pelo conceito derivado da contraprestação de uma atividade desenvolvida e excluída quaisquer espécies de bonificações, independente de haver lucros auferidos pela realização produzida e explorada. Mas, em se tratando da legislação em epígrafe — lei da propriedade industrial —, denota-se a faculdade do empregador promover uma paga "aditiva" ao empregado como uma espécie de "participação nos lucros" que, porventura, possam ser creditados pela exploração do invento realizado no âmbito laboral, sequer, aceita sua incorporação como objeto de natureza salarial. Aqui, observe, nos prendemos aos interesses de ordem patronal mais que — inegavelmente — reagiriam nesse sentido por contrários aos ditames do Direito do Trabalho.

É fulcral que se estabeleçam informações concretas sobre os critérios que norteiam a legislação trabalhista brasileira, principalmente, em se tratando de remuneração. Qualquer espécie de gratificação que um empregador oferecer ao empregado no decurso de um contrato de emprego gerará a integração imediata desses mesmos valores ao salário do obreiro, em conformidade ao que assevera o texto do art. 457 da CLT que acusa "integra o salário para todos os efeitos legais... gratificações ajustadas", ou seja, aquelas em que um empregador resolve beneficiar seu empregado inventor com uma singela bonificação pela sua peculiar contribuição para um invento.

Vê-se, aqui, um confronto de duas normas e — destarte — a legislação trabalhista é uma lei especial que perante a legislação geral, Lei da Propriedade Industrial, resta superando-se. Ao que apresenta o art. 88 da Lei de Propriedade Industrial, *in verbis*: "O empregador, titular da patente poderá conceder ao empregado, autor de invento ou de aperfeiçoamento, participação nos ganhos econômicos resultantes da exploração do objeto da patente, mediante negociação com o interessado ou conforme disposto em norma da empresa. Parágrafo Único — A participação referida no *caput* não se incorpora, a qualquer título, ao salário do empregado". Não se pode olvidar que a inclusão de sugestão ao empregador de conceder uma premiação àquele que é o autor da invenção de serviço é interessante para estimular a produtividade, porém sujeita às regras celetistas e às decisões da Justiça do Trabalho. E, em face da interpretação inteligente de *Mauricio Godinho*[34], embora o texto do Código de Propriedade Industrial não fosse expresso quanto a este tema, é inquestionável que a natureza jurídica de tal retribuição material pelo invento ou modelo de utilidade não teria, efetivamente, natureza jurídica salarial.

Particularmente, esta não seria a melhor opção para propugnar por mudanças.

Nos países que integram o G20, com as suas idiossincrasias aguçadas, já existe uma conscientização sobre a real importância dessa premiação e a que preço se contribui para esse tipo de estímulo que agrade o empregado em benefício do crescimento da empresa. O Brasil acusa ínfimos registros de empresas com esse nível de consciência, mas a legislação vigente surge para beneficiar os empregados que concede tal premiação, o que já é um avanço à legislação anterior. Quanto à área pública, a Lei de Propriedade Industrial estabelece um critério paradigma ao perfilhado pelas empresas privadas em que o texto se firma, no que couber, às entidades da Administração Pública, direta, indireta e fundacional, federal, estadual ou municipal. Ainda, a mesma lei protege o inventor, na forma e condições previstas no estatuto ou regimento interno da entidade, uma premiação equivalente à parcela no valor das vantagens obtidas com a patente, tal qual fosse uma moeda de troca sob a rubrica de um incentivo ao trabalho realizado e nesse sentido as instituições as quais se refere o art. 93 da mesma lei obrigam a prever, em seu estatuto ou regimento interno, uma premiação relacionada aos ganhos auferidos com o invento de serviço. Logo, enseja interpretar que, por causa dessa diferença de tratamento, o legislador preocupou-se em estimular de maneira mais concreta as invenções e as inovações tecnológicas que atendam ao setor público. Também, não se podem vincular os entendimentos extraídos da CLT quanto à integração de bonificações aos salários discutida acima, visto que esses regimes jurídicos próprios oriundos da administração pública têm referenciais — absolutamente — distintos da iniciativa privada e por consequência da legislação que trata do trabalho que, em seu art. 7º da CLT, exclui os regimes jurídicos da proteção e tutela prevista no Texto Consolidado.

Todavia, os critérios adotados pela legislação brasileira para obtenção da premiação se traduzem pelos benefícios decorrentes do "pedido ou com

---

(34) DELGADO, Mauricio Godinho. *Curso de direito do trabalho*, 8. ed. São Paulo: LTr, 2009.

a patente", jamais, com o invento. Então, torna-se indispensável o registro no INPI — Instituto Nacional de Propriedade Industrial. Neste momento, vinculados à primeira hipótese — podem surgir benefícios auferidos com o pedido e diante de alguns exemplos práticos, registram-se pedidos que não se convole em patentes por serem indeferidos ou arquivados. E, por proteção legal, a entidade empregadora não aguardará pela expedição da patente com intuito de premiar o inventor e, caso a entidade empregadora licenciar o pedido para um terceiro e providenciar o pagamento imediato de *royalties*, poderá acarretar no recebimento protegido pela lei para, posteriormente, a patente ser indeferida pelo órgão competente. Neste exemplo, a empresa vai buscar reaver o que foi pago, indevidamente, ao empregado e tentará restituir os *royalties* coletados de um terceiro licenciado porque assistirá cancelado seu contrato de licença e ressarcir o que antecipado, indevidamente. Apenas, vantagens percebidas são *royalties* que as instituições podem incluir em seus estatutos ou regimentos internos como ganhos decorrentes do invento e que, mais uma vez, alerta-se para a dificuldade de interpretar descontos ou estornos salariais como irregulares em defesa do princípio da intangibilidade dos salários que norteia o Direito do Trabalho.

No mesmo diapasão que se aponta direitos à patente ao empregador, ato contínuo, protege direito à titularidade exclusiva de uma patente por parte do empregado quando o invento ou o modelo de utilidade não estiver relacionado à sua atividade na empresa, incontinenti, desvinculada do contrato de emprego e constatado que o empregado não tenha utilizado a infraestrutura do empregador. Este, por si, singulariza oportunidade em que um invento estará livre da intervenção do empregador ao preencher determinados requisitos, cumulativamente:

a) Contribuição pessoal do inventor;

b) Desvinculação do invento ao contrato de emprego; e

c) Não utilização de recursos, meios, dados, materiais, instalações ou equipamentos do empregador.

Na verdade, desde a lei anterior (1971) já se conhecia tal assertiva. Ocorre que aquele texto exemplificava como invento de serviço os que eram realizados sem vinculação com contrato de emprego e sem a utilização de recursos, porém firmava textualização conectiva com a letra "e" não "ou" com a mesma obrigatoriedade de natureza cumulativa para cobrança desses requisitos. Tal fissão acarretava interpretação direcionada para não considerar a invenção como de empregado porque o invento não tem relação com a condição de assalariado do autor e nem foi desenvolvido pela relação de emprego. Mais sobre qualquer suspeita, deveria ser considerada como invenção de empregado porque realizada na constância de uma relação de emprego ou de prestação de serviço sem vínculo empregatício já que sua classificação era interpretada como livre em relação às outras categorias e dependeria da atribuição do direito sobre a mesma. Assim, o invento livre pertenceria ao trabalhador (autor) que pode dispor do seu invento da mesma forma que um inventor independente e, nessa conexão, se um empregado em horário livre e sem se utilizar da infraestrutura da empresa inventar, jamais, caberá à empresa reivindicar qualquer direito sobre a propriedade ou a exploração desse mesmo invento porque decorreu de um fato aleatório que independe da condição de empregado ou, sequer, se referenciou por tais prerrogativas — enfim — foi fruto de livre criação. Apenas, considera-se que o invento possa ter relação direta com a atividade-fim da empresa e atenda às suas necessidades e, em especial, nessa situação o empregado não terá obrigação de dar preferência ao empregador caso este demonstre interesse pela exploração do referido invento e na hipótese de acordo entre empregado e empregador será extinta toda e qualquer relação contratual preexistente e passará a valer as regras comuns quando o interessado, *in casu*, o empregador, terá de ofertar valores abertos ao autor da invenção, *in casu*, o empregado, tal qual o fizesse em nome de um terceiro interessado — ou seja — tratamento normal aos envolvidos.

Tem-se, dentro das regras apostas pela lei, outro viés que decorre da invenção mista ou de estabelecimento que resulta de atividade desvinculada do contrato de emprego. Esta é desenvolvida por um empregado que faz uso da infraestrutura do empregador e o *caput* do art. 91 da Lei de Propriedade Industrial prevê a contribuição da empresa, independente de conhecer se essa futura invenção será mista ou de estabelecimento — ou seja — se resultará dos esforços singulares do empregado ou concorrerá com as forças produtivas do empregador. Observe-se que correspondente a esse tipo de invento a própria legislação restou adotando o regime de copropriedade ou condomínio no qual a titularidade da patente é comum ao empregado e empregador, excluída qualquer espécie de contraprestação obrigatória ao empregado pela invenção realizada. E, neste mesmo prisma, se a propriedade do invento pertence ao empregador e ao empregado, em condomínio, estes podem fazer uso da invenção e exercer todos os direitos que se coadunam com o sistema de indivisibilidade desse mesmo invento (art. 58 da Lei n. 9.279/96), bem como aliená-lo ou cedê-lo a outrem nos termos do art. 1.314 do Código Civil e cada "condômino" será compelido ao consenso para licenciar ou mesmo repassar para outra parte na invenção como assevera o art. 1.314, parágrafo único, do Código Civil. Mas, observe-se que essa condição de condomínio ou de copropriedade não se traduz pela assertiva de que cada um seja "sócio" de parte ou mesmo de quota vinculada ao invento, indivisível, em que cada proprietário do invento terá acesso a iguais direitos sobre o invento, sempre, limitados a sistema de copropriedade expresso nos arts. 1.314 a 1.326 do Estatuto Bevilaqua. E, para que a invenção possa ser mista como prevê a Lei n. 9.279/96, será indispensável à caracterização que resulte de uma contribuição de ordem pessoal e intelectual do empregado, excluída a questão material, como também a utilização de infraestrutura do empregador.

Fruto de uma análise perfunctória, logo se notará que a lei mais recente restou por excluir a necessidade de o empregado não ter sido contratado para promover inventos que levaria qualquer desavisado a imaginar que os inventos realizados por empregados que não foram contratados para inventar seriam apropriados pelo empregador quando não fosse acolhido como resultado da sinergia do inventor. A interpretação nos leva ao sentido que considerado de serviço todo invento realizado pelo empregado que não foi contratado para inventar e o fizesse em atendimento de uma tarefa impingida pelo empregador, ressalvando não seguiria esta situação exemplificada como uma correta hermenêutica para apor os sentidos aos interessados, ainda, porque a necessidade da contribuição pessoal do empregado não se traduz na obrigação de a invenção ter sido — necessariamente — realizada por iniciativa do empregado, exceto quando o empregado inventa motivado por determinada obrigação que o empregador lhe impingira. Aqui, vê-se uma invenção de serviço e não invenção mista. Ocorre que, para os fins prescritos na lei de patentes, a "contribuição pessoal" obriga ao empregado participar da atividade inventiva e do resultado inventivo que se acaso for coleta dados.

Nos termos do Texto Consolidado, há ressalvas quanto ao desvio de função — ou seja — quanto à possibilidade de o empregador determinar atividades distintas das contratadas ao empregado e, em especial, para não inventar — cristalino — não comportaria atividade inventiva que não fora contratada. Para que tal fator se tornasse viável, o empregador deveria contribuir com esse empregado tal qual o fizesse a qualquer outro estranho à relação de emprego e só dessa forma o desvio de função poderia ser interpretado como uma promoção. Se ausente o *plus* salarial, poderia o empregado rejeitar a atividade solicitada, também, caso aceitasse a tarefa mediante a equiparação salarial com um contratado para inventar, nos termos de uma possível equiparação pelos arts. 460 e 461 da CLT. Ocorre que, na prática, os empregados não costumam recusar essas propostas nem mesmo postular a equiparação salarial. Também, se mediante uma invenção que decorra de um processo em que o empregado solucionou o problema proposto e o empregador reivindicou a propriedade sobre a invenção ao resultar de serviço, consequentemente, estaremos diante de irregularidade porque nos exemplos em que há uma invenção de serviço, sempre, o empregado terá que haver contratado, previamente, com essa característica que se coaduna com "contribuição pessoal" envolvida. Aqui, se verifica uma alteração unilateral do contrato de emprego, vez que o empregado teve sua função desvirtuada sem perceber salário correspondente. E, ainda que não houvesse prejuízo no que diz respeito à alteração de funções, deve ser observado — segundo *Nuno Carvalho*[35] — que a "transformação de um invento misto em invento de serviço traz sempre, forçosa e automaticamente, um prejuízo para o empregado: é que, dessa forma, o invento passa à exclusiva propriedade do empregador e o assalariado não terá direito a qualquer compensação", restando o ônus da criação ao que menos contribuiu para sua realização. E, para somar outros prejuízos ao empregado, as empresas costumam promover a transferência de empregados que inventam para setores ligados à pesquisa com intuito de mascarar a essência do contrato de emprego com a alegação de que o empregado houvera sido contratado com o objetivo concreto de inventar e tal prática resta. Eliminando o direito do empregado-inventor poder auferir bônus decorrente da exploração do produto que foi inventado. Mas, observe-se, se trata de mazela que será desconsiderada, como consequência, os inventos realizados pelo empregado e os que, ainda, podem ser realizados continuarão caracterizados mistos e valerá a prerrogativa do art. 468 da CLT que assevera qualquer alteração no contrato de emprego que resulte prejuízos ao empregado e, sem a sua anuência, serão consideradas como nulas e computadas em favor do obreiro.

Em especial, ao que concerne aos contratos de emprego — em geral — são firmados com a assinatura de CTPS e o preenchimento de livro ou ficha de registro de empregados (RE). Não há obrigatoriedade na assinatura de contrato específico, exceto quando a própria lei determina, por exemplo: menores, atletas profissionais, temporários, artistas e outros. Desta forma, só será possível vincular essa questão do invento e das condições de trabalho ante esse tipo de profissional, evitando que durante o pacto possa haver alterações que ensejem a promiscuidade decorrente da autoria ou realização do invento caso sejam fixadas essas regras num documento apartado. Em regra, as empresas incluem no contrato de emprego cláusulas que firmem cessão ao empregador das invenções concebidas na vigência do contrato, independentemente, da função para qual o empregado foi admitido. Nesse sentido verifica-se a má-fé dos maus empregadores que provocam uma singela forma de convolar os inventos denominados de serviço em evidência para que se excluam as assertivas que possam caracterizar o invento misto e a mais segura interpretação das cláusulas dos contratos de emprego deveriam seguir no sentido de se ajustar com a real atividade do empregado na empresa, ou seja, com a sua função principal e singularizada ao contexto da sua pessoalidade (profissionalidade) que é elemento para fixação de vínculo empregatício e do esclarecimento de outras controvérsias futuras. Não se

---

(35) CARVALHO, Nuno Tomaz Pires. Os inventos de empregados na Nova Lei de Patentes II. *Revista da ABPI*, n. 23, jul./ago. 1996.

pode olvidar das normas fixadas em lei que diferenciam o invento decorrente dos trâmites regulares e consequentes do serviço realizado pelo empregado em detrimento daqueles em que há necessário sentido em contratar profissional para que some seus conhecimentos técnicos para criar ou inventar em favor dos interesses da empresa que o contratou.

Há expressado no § 1º do art. 91 da Lei de Propriedade Industrial hipótese de haver mais de um empregado inventor, quando o invento é criado por mais de um obreiro. Nesta condição, haverá uma partilha de direitos, inclusive, quanto às vantagens remuneratórias que seguirem dessa realização. As controvérsias poderiam ficar no campo da titularidade da patente, oportunidade em que o § 3º do art. 6º do mesmo título assevera que, independentemente, de ser empregado aos inventos produzidos sob a égide de um contrato de emprego e fruto de uma produção de uma equipe, ressalve-se, o direito à patente caberá aos inventores em comum ou a qualquer um que nomeados para tal defesa e, também, permite-se fixar outras condições que preservem o princípio da autonomia da vontade e as intenções de titularidade envolvidas por obreiro que estiver trabalhando no referido invento. Para firmar entendimento, o art. 91, *caput*, que expressa as condições da invenção mista ou de estabelecimento será de propriedade comum do empregado e do empregador e o que se justifica dessa mesma relação de propriedade do invento ao empregador, sempre, decorrerá do fato em que o empregado resta por usar a infraestrutura do empregador e o referido invento se fixa como elemento substancial ao patrimônio da empresa. Para tanto, se o empregado se utilizou de recursos econômicos da empresa para desenvolver um invento e o empregador deu uma parcela para concretização dessa mesma criação, observe-se, sem mesmo consciente da operação, terá total direito à propriedade da patente e descartará qualquer tipo de interpretação contrária que enseje o sentido de apropriação indevida desse invento desenvolvido pelo empregado ou, sequer, imaginar que tal casuísmo se confrontaria com inciso XXIX do art. 5º da Carta Política pela proteção aos direitos do inventor. Nessa esteira da copropriedade não se nota que os empresários derramem qualquer sentimento amistoso em vivenciar um regime de sociedade forçada com empregado que foi omisso ao caráter "forfetário" (*for fait*) da relação de emprego, enfim, dos riscos da atividade econômica para assistir uma criação sob sua tutela ser dividida. Como consequência dessa exemplificação, os empregadores costumam passar por cima dos comandos legais e restam registrando a patente da criação pelo princípio da liberdade contratual e, também, como medida preventiva, acorda cláusula de cessão dos inventos futuros aos contratos de emprego para proteger qualquer hipótese de o empregado ser substabelecido pelo invento e por suas condições de copropriedade. Aqui, em especial citamos *Gama Cerqueira*[36] que assevera sobre a inexistência da simples comunhão, porém de uma hipotética sociedade entre o empregado e empregador que se consolida na comunhão pela propriedade dos inventos e seus consectários como a decorrente exploração da patente e que essa mesma co-habitação de direitos se estenderá em favor do, economicamente, mais forte e em detrimento do hipossuficiente como *regra básica que evidencia essas mesmas condições para as demais condutas existentes nas relações de trabalho* (grifo nosso).

No topo da análise dessas injustiças que podem restar afastando o intelecto das nossas divisas e criar sérias dificuldades para gerenciar o emprego de "terceiro grau" no futuro, conforme veremos mais adiante numa incursão profunda e avançada sobre o mote, apesar de o invento pertencer ao empregado e ao empregador, sua exploração é, exclusivamente, dedicada ao empregador. Essa vetusta e incorreta gestão de direitos sobre a propriedade intelectual dos inventos decorrentes do contrato de emprego se afigura pelo aposto na legislação específica e assegura ao empregador o direito exclusivo de licença de exploração dos inventos sob a égide do trabalho formal e apresenta como contrapartida para premiar o inventor-empregado a mera paga salarial a que todo empregado faz jus no final do mês como se nada valesse por sua capacidade inventiva. Por consequência, ao empregado ficarão vedados o licenciamento da patente e a exploração do produto que, acredite, pode até gerar uma severa punição em oferecer ao mercado concorrente elementos que envolvam o caráter de sigilo empresarial ou a concorrência desleal que geram a dispensa por justa causa nos termos do art. 482 do Texto Consolidado.

No indicativo das discussões sobre essa questão da divisão de propriedade, verifica-se que o art. 91 da Lei de Propriedade Industrial — em referência à invenção mista — oferece permissivo ao pacto entre as partes na defesa do princípio da autonomia da vontade e concede capacidade volitiva aos interessados, mesmo que contraria a legislação em epígrafe. Para tanto, vê-se determinado número de empresas incluir no contrato individual de emprego cláusula que assegure cessão das invenções para o empregador em troca de uma consignada e rotineira remuneração para afigurar-se como um tipo de cessão de bônus diferido que obriga ao empregador ao cumprimento de obrigação remuneratória ao empregado no futuro e exemplifica *Elisabeth Fekete*[37] que as invenções, modelos de utilidade e demais desenhos industriais resultantes do contrato de emprego serão da contratante e a ela

---
(36) CERQUEIRA, João da Gama. *Op. cit.*
(37) FEKETE, Elisabeth Edith K. *A relação entre empregado e empregador à luz da nova lei de propriedade industrial.*

sujeitas à adoção de patentes e registros como um direito absoluto que lhe permita cedê-los a outrem diante da declaração expressa do empregado que não fará jus a qualquer espécie de remuneração compulsória de caráter extraordinário. É mister notar que esse tipo de cláusula abusiva e contrária à tese de que se existir cessão por parte do empregado-inventor este não poderá ficar sem uma justa remuneração, consequentemente, se constituirá num real desestímulo à invenção e esse tipo de contratação *supra* se traduzirá em deplorável conveniência ao empregado-inventor que, jamais, deveria ser punido pela sua capacidade criadora em não perceber contraprestação pela pesquisa e invento realizado. Também, se o foco concentrar na questão econômica de que tanto necessita o Brasil prosperar em favor dos avanços tecnológicos e desenvolvimentistas de um país emergente que vivencia um momento singular pelas consequentes descobertas do pré-sal, bicombustíveis e demais produções naturais que podem levar ao colapso produtivo pela ausência de uma inteligência humana que permita o *up ground* tecnológico e necessário para recepcionar essas condições favoráveis ao futuro da nação.

Quanto à questão da competência para tratar das contendas decorrentes das lides oriundas dos inventos criados no ambiente de trabalho e sob a égide de um contrato de emprego, será mister esclarecer os remédios administrativos cabíveis em matéria de inventos de empregados. Na verdade, existem dois remédios processuais, quais sejam os subsídios, previstos no art. 31 da LPI, e a declaração de nulidade da patente, prevista no art. 50 da LPI. Sobre a primeira hipótese, decorre quando está se examinando o pedido de patente e um interessado apresenta documentos e informações para subsidiarem o exame no caso de um empregador que deposita o pedido de patente de um invento misto apenas em seu nome. Nessa oportunidade, o empregado poderá apresentar os documentos provando que o invento, também, lhe pertence. Na outra oportunidade, o art. 50, I, da LPI assegura ao empregado contratado para pesquisar que realiza um invento e um terceiro conhecido seu deposita o pedido em seu nome, prejudicando a empresa, o empregador poderá pedir a declaração de nulidade da patente.

Adentrando o campo jurisdicional, quaisquer dissídios que decorram da relação de emprego serão acolhidos pela Justiça do Trabalho, de conformidade ao novo texto do art. 114 da Carta Constitucional ajustada de acordo com a EC n. 45/04. Em razão de as controvérsias relativas aos inventos de serviço e aos inventos mistos decorrerem da relação de emprego será julgada pela Justiça do Trabalho. E, nesse sentido, já se afigura entendimento do Tribunal Superior do Trabalho de que "a competência firma-se em decorrência do contrato de trabalho, sem o qual tal criação não teria ocorrido"[38]. Entrementes, há controvérsias consequentes do entendimento insulado do Superior Tribunal de Justiça de que a Justiça Comum seria competente para julgar os litígios que versem sobre inventos de empregados. Firma seu entendimento no fundamento de que a querela não se origina da relação de emprego, mas, sim, de questões de natureza civil.[39]

Por outro prisma, verifica-se que o art. 49 da Lei de Propriedade Industrial prevê "Ação Reivindicatória" quando houver inobservância do art. 6º da mesma lei. Para ser mais exato, trata-se de ação que declara o direito do titular para requerer patente em seu nome e será necessário analisar o contrato de emprego para saber se ele foi contratado para inventar que terá Justiça do trabalho como competente para julgar tal dissídio. Entrementes, poderá haver reclamações que discutam sobre a invenção de serviço que é de remuneração suplementar ajustada, apesar de não ter natureza salarial e, se for, terá tratamento em hostes trabalhistas.

Entende-se, também, que se na invenção de serviço cabe ação reivindicatória, consequentemente, na invenção mista poderia ser usada para os casos em que houver um conflito sobre o direito de propriedade, já que como a invenção mista pertence ao empregador e ao empregado, esse pedido da patente deverá ser feito em nome de ambos e caso exista omissão do nome de uma parte, por decorrente, este poderá ajuizar a ação reivindicatória. Nestes casos, também, assegura-se que a competência será da Justiça do Trabalho, visto que terá de examinar aspectos relevantes vinculados ao contrato de emprego. Neste caso, como seria possível conhecer se o empregado foi ou não contratado para inventar ou se o empregador contribuiu para realização do invento, enfim, se o empregador ao determinar uma tarefa inventiva ao empregado restou por desviá-lo de função, causando-lhe prejuízo e até sujeito à nulidade do ato nos termos do art. 468 da CLT.

Poderá haver discussão sobre remuneração em razão de o empregador ter o direito exclusivo à exploração do invento por justa remuneração ao obreiro ou até mesmo se premiado pela invenção, que permita incorporar tal gratificação ao salário. Se considerada remuneração própria não terá natureza trabalhista, pois não decorre do serviço realizado e resultante do uso

---

(38) TST — RR — 1426/79, Ac. 1ª T. T — 2502/88. Rel. Sebastião Machado Filho — Juiz Convocado. DJ 25.11.88. TST — RR — 593729/199; Ac. 2ª T. Rel. José Pedro de Camargo — Juiz Convocado. DJ 16.02.2001. TST — ROAR — 752911/2001.7, Ac. SBDI-II; Rel. José Simpliciano Fontes de F. Fernandes — Ministro. DJ 19.12.2006.
(39) STJ — CC 49516/SC; Ac. Segunda Seção, Rel. Ministro César Asfor Rocha; DJ 26.06.2006.

exclusivo do invento. Neste caso, o empregado poderá aforar ação própria para receber *royalties* na Justiça do Trabalho nos termos do inciso IX do art. 114 da CRFB. Assim entende *Nuno Carvalho*[40], pois o fato de a remuneração não ter natureza trabalhista, jamais, motivaria afastar a competência da Justiça do Trabalho desse tipo de contenda. *Idem*, quanto a outras controvérsias prescritas na Lei de Propriedade Industrial — em especial — quanto ao empregado inventor.

---

(40) CARVALHO, Nuno Tomaz Pires. *Op. cit.*

# 5. BREVES INDICAÇÕES AO DIREITO COMPARADO E A JURISPRUDÊNCIA

Em razão da peculiaridade de natureza prática que esse regime apresenta "nenhum outro país tem esse sistema, a não ser o Zaire. Todos os países que tinham a copropriedade de inventos a abandonaram há mais de 30 anos, depois de perceber pela experiência que ela era insuficiente e causava problemas para os inventores e as empresas"[41], assegura *Fekete* em seus estudos.

Nos EUA, o *shop right* é um regime jurídico que foi desenvolvido pela jurisprudência daquele país a partir do início do século XIX com o advento da Revolução Industrial. Observe-se que duas noções importantes ajudaram a estabelecer os fundamentos desse regime — em especial, no século passado, quando os contratos escritos eram a exceção, os tribunais dispunham sobre a matéria com base no princípio da liberdade de contratar, assim não consideravam um eventual desequilíbrio entre as partes[42]. Depois, constatava-se nítida tendência dos tribunais em apoiar a pequena indústria, o pequeno capital. A corrente predominante era a de permitir a exploração dos inventos a um menor custo, assim a sociedade iria se beneficiar mais com o progresso tecnológico[43]. Mais tarde, a doutrina do *shop right* foi consolidada pela Suprema Corte dos Estados Unidos no caso *U. S. versus Dubilier Condenser Corp.*, 289 U.S. 178 (1993).[44] Em síntese, os fatos foram os seguintes: os inventores Dunmore e Lowell trabalhavam no departamento de rádio do Gabinete de Padronização — *Bureau of Standards* — do Departamento do Comércio. Ali se verificou que o gabinete era o órgão que fiscalizava e instituía as normas técnicas, estabelecendo padrões para a pesquisa científica, engenharia, indústria, comércio e instituições de educação. Em

---

(41) FEKETE, Elisabeth Edith K. *A relação entre emprego e empregador à luz da nova lei de propriedade industrial.*
(42) BAKER, Mark B.; BRUNEL, André J. Restructuring the judicial evaluation of employed inventors rights. St. Louis, n. 399, 1991. p. 404. Citado por CARVALHO, Nuno Tomaz Pires. Os inventos de empregados na nova lei de patentes II. *Revista da ABP,* n. 23, p. 21, jul./ago., 1996.
(43) *Idem.*
(44) *Idem.*

1915, o Gabinete recebeu a incumbência de investigar e estabelecer padrões para as comunicações por rádio e em 1921 foi contratado pela Divisão Aérea do Exército para desenvolver projetos, sendo que dois eram relacionados com a utilização do rádio na aviação. Oportunamente, os inventores em questão desenvolveram três inventos que não estavam ligados aos projetos contratados, mas tinham aplicação no mesmo campo. Naquele momento, surgiu a querela sobre titularidade das patentes e se estabeleceu uma grande polêmica que se traduziu na dúvida se os inventos pertenciam ao Governo dos Estados Unidos ou aos próprios inventores. Numa concepção mais aguçada, procurava-se saber se os empregados tinham como objetivo a capacidade inventiva e se, por isso, estavam obrigados a transferir as patentes para o governo americano. Em contenda no tribunal, entendeu-se que os inventores não haviam sido contratados para desenvolver aqueles inventos, então, ficou decidido que, se o empregado não foi contratado para conceber determinado invento e o faz mediante utilização de materiais e equipamentos do patrão, ele será o titular da patente e o empregador terá direito de licença não exclusivo sem pagamento de *royalties*. Por consequência esse regime ficou conhecido como *shop right*. Segue, abaixo, parte do julgado extraído na íntegra da obra de *Nuno Carvalho*: "Ainda que o conceito mental esteja incorporado ou realizado num mecanismo ou num composto físico ou químico, a incorporação não é a invenção e não é objeto de patente. Esta distinção entre a ideia e a sua aplicação na prática é a base da regra segundo a qual o contrato para projetar ou construir ou para estabelecer métodos de fabricação não é o mesmo que um contrato para inventar. O reconhecimento da natureza do ato da invenção também define os limites do chamado *shop right*, o qual, em resumo, consiste em o empregado que durante o horário de serviço, trabalhando com os materiais e equipamentos do patrão, concebe e aperfeiçoa uma invenção para qual obtém uma patente, ter que conceder ao seu patrão o direito não exclusivo de praticar a invenção. [citações omitidas] Isto resulta da aplicação de princípios de equidade. Uma vez que o empregado usa o tempo, instalações e materiais do patrão para atingir um resultado concreto, este tem, em equidade, direito a usar aquilo que incorpora a sua própria propriedade e reproduzi-la sempre que utilizar equipamentos semelhantes no seu negócio. Mas o empregador, nesse caso, não tem direito equitativo de exigir a transferência da invenção, a qual é uma concepção original apenas do inventor, na qual o empregador não teve parte. Esta continua sendo propriedade de quem concebeu, bem como o direito decorrente da patente, de excluir todos os outros, fora o empregador, de extrair benefícios dela".[45]

---

(45) U.S. versus Dubilier Condenser Corp., 289 U.S. 178 (1993). Citado por CARVALHO, Nuno Tomaz Pires. *Op. cit.*

Denota-se que os inventos de Dunmore e Lowell não estavam, na época, submetidos ao regime jurídico especial para os servidores públicos, no qual está estipulada a atribuição de 15% dos *royalties* para o servidor inventor no caso de licença a terceiros, limitado, no entanto, a um total anual de cem mil dólares. Aqui no Brasil, há regime que reconhece o invento extraído do serviço público que se diferencia do setor privado. Mas a doutrina do *shop right* foi redefinida pelo princípio da equidade que determina a proporção entre a contribuição e a recompensa, que não é mais aplicado. Enfim, o *shop right* concede aos empregadores um direito, excessivamente, valioso para uma mínima contribuição. Assim, os direitos dos inventores ficaram em segundo plano diante dos interesses do capital e a Suprema Corte dos Estados Unidos havia consolidado em sua jurisprudência que o objetivo do Direito de Patentes era promover o progresso da ciência e da indústria e não só gerar riqueza para o inventor.

Na Espanha a Lei n. 17/2001, que passou a viger a partir de 31 de julho de 2002, impõe que os trabalhadores sejam obrigados a informar por escrito à empresa qualquer invenção que houvera realizado durante o pacto laboral. A legislação espanhola diferencia da brasileira porque traduz válido que os direitos da propriedade comercial com reconhecimento do inventor para que seja beneficiado pela capacidade de criação com uma justa e equitativa retribuição pela importância comercial e industrial extraída do invento, mas assegura o direito de patente para o empregador que teve em sua propriedade o desenvolvimento do invento. E, como entende *Araceli Blanco Jimenez*[(46)], só será necessário um prazo de três meses para que o empregado comunique a realização do invento.

Em Portugal, o Decreto-lei n. 16/95, de 24 de janeiro de 1995, prevê o "Direito dos assalariados". É cristalina quando assegura que pertence à empresa o direito à patente de invenção feita durante a execução do contrato de trabalho em que a capacidade inventiva esteja prevista no pacto laboral e seja, especialmente, remunerada. Contudo não prevê remuneração especial decorrente dessa mesma capacidade e, tão somente, protege o empregado para que seja reconhecido nos limites da importância do invento. E, caso a empresa tenha como atividade-fim aquele tipo de criação, terá direito a assumir a propriedade do invento ou a reservar-se no direito à exploração exclusiva ou não exclusiva da invenção, à aquisição da patente e o inventor terá direito à remuneração equitativa, deduzida a importância correspondente a qualquer auxílio prestado pela empresa para realizar a invenção. Tal qual na Espanha, o inventor deve informar à empresa o que porventura houver realizado no prazo máximo de três meses, a partir da data em que a

---

(46) BLANCO JIMENEZ, Araceli. *Protección jurídica de las invenciones universitarias y laborales*. Madri: Aranzadi Editorial, 1998.

invenção é considerada concluída. O não cumprimento da obrigação *supra* por parte do inventor acarretará a perda dos direitos e a empresa poderá exercer os seus direitos no prazo de três meses a contar do recebimento da notificação do inventor. A contrapartida na aquisição do direito da empresa ficará sem efeito caso a remuneração não for integralmente paga no prazo estabelecido. Observe-se que se consideram feitas durante a execução do contrato de trabalho as invenções cuja patente tenha sido pedida durante o ano seguinte à data em que o inventor deixar a empresa.

A lei dinamarquesa (1955) e soviética (1959) prevê — expressamente — a propriedade das invenções de estabelecimento, atribuindo-a ao proprietário deste.

Por conclusivo, resta do breve estudo das legislações comparadas o entendimento de que todos protegem os direitos ao reconhecimento do empregado que inventa durante o contrato de emprego com justa compensação financeira, todavia asseguram o direito de patente ao empregador.

Essas discussões sobre a questão da obrigatória compensação ao empregado inventor já estão sendo acolhidas pelo TST em alguns julgados específicos. Não nos adiantaria aqui trazer um elenco de posições que encharcassem o estudo com conjecturas jurídicas que, ao final, de nada serviriam para enriquecer a obra, mas tornam-se necessárias as indicações a duas específicas decisões em que o Tribunal Superior do Trabalho — TST já interpretou que a remuneração percebida em razão do lucro na exploração do invento tem característica remuneratória de natureza trabalhista, incorporando ao salário e refletindo nas demais verbas.[47] Não poderia ser diferente, pois o TST agrega à sua tese um preceito básico em que os ganhos que advenham ao salário, de qualquer origem, serão a ele incorporados. Em outra oportunidade, reconhecemos que o art. 457 da CLT é capaz de integrar verbas de gratificação, adicionais e percentuais ao salário e dele serão extraídos por ocasião de recolhimentos referentes ao FGTS, bem como integrados ao 13º salário, horas extraordinárias e nas resilições de contrato de emprego.

Também, nesse mesmo sentido, o Superior Tribunal de Justiça — STJ[48] restou julgando para absorver essa hipotética remuneração, ou seja, *royalties* por meio de pagas que só deverão ser quitadas após a expedição da carta — patente para uma maior segurança jurídica. Para proceder na apuração desses mesmos *royalties*, hão de se levar em consideração todos os ganhos obtidos, direta e indiretamente, com a exploração do invento.

---

(47) TST — RR — 1426/79, Ac. 1ª T. T — 2502/88. Rel. Sebastião Machado Filho — Juiz Convocado. DJ 25.11.88.
(48) STJ — CC N. 16.767 — SP (96/0018237-0). Rel. Min. Aldir Passarinho Júnior. DJ de 22.11.99 e STJ, RE — 2004/0097417-1, Rel. Ministro Castro Filho, 20.11.06.

Em 2006, a primeira turma do Tribunal Superior do Trabalho (TST) confirmou o direito à indenização de um ferroviário pela autoria de inventos usados nas atividades da empresa. "Em caso de 'invenção de empresa' de autoria do empregado, no curso da relação de emprego, embora seja comum a propriedade e exclusiva a exploração do invento pelo empregador, a lei assegura ao empregado o direito a uma justa remuneração resultante de sua contribuição pessoal e engenhosidade", consignou no acórdão o Ministro do TST, *João Oreste Dalazen, in verbis*: "Ementa: INVENTO. MODELO DE UTILIDADE. CONTRIBUIÇÃO PESSOAL DO EMPREGADO. EXPLORAÇÃO PELO EMPREGADOR. INDENIZAÇÃO POR PERDAS E DANOS. JUSTA REMUNERAÇÃO. 1. Em caso de 'invenção de empresa' de autoria do empregado, no curso da relação de emprego, embora seja comum a propriedade e exclusiva a exploração do invento pelo empregador, a lei assegura ao empregado o direito a uma justa remuneração, resultante de sua contribuição pessoal e engenhosidade. Pouco importa que o invento haja sido propiciado, mediante recursos, meios, dados e materiais, nas instalações da empresa. 2. Comprovada a autoria, a novidade, bem como a utilização lucrativa do invento, construído à base de material sucateado, em prol da atividade empresarial, o empregador, independentemente de prévio ajuste, está obrigado a pagar justa remuneração ao empregado. 3. Irrelevante haver, ou não, o empregado patenteado o invento. A obrigação de pagar — justa remuneração — ao empregado inventor tem por fato gerador a utilidade extracontratual, emanação da atividade intelectiva irradiada da personalidade do trabalhador, revertida em benefício da exploração econômica do empreendedor, direito assegurado na Constituição Federal. 4. Não viola o art. 88, § 1º, da Lei n. 9.279/96 decisão regional que, à falta de parâmetros objetivos na lei, mantém sentença que fixa o valor da — justa remuneração — de cada modelo de utilidade criado pelo autor em metade da última remuneração percebida, pelo prazo de dez anos. 5. Recurso de Revista de que não se conhece (Processo: RR — 749341/2001.5 em 09.08.2006, Rel. Min. João Oreste Dalazen, 1ª Turma, Publicação: DJ 06.10.2006)."

São julgados isolados, mas que refletem as personalidades de casas judiciárias distintas sob a mesma veste, enfim, no sentido de reconhecer a importância da contraprestação ao empregado inventor que, por derradeiro e mais atual, restou beneficiando professor universitário que elaborou e apresentou projeto para criação e consequente regularização de curso jurídico para uma das mais importantes entidades de ensino do país.

Recentemente, em decisão inédita na 2ª Vara de Trabalho do Tribunal Regional da 1ª Região (Rio de Janeiro)[49], verificaram-se todos os elementos

---

(49) 2ª VARA DO TRABALHO DA CIDADE DO RIO DE JANEIRO - RJ, Proc. n. 0194-2007-002-01-00-5, com resumo da decisão em anexo.

concretos para que a competência material decorrente de direito autoral fosse tratada em hostes trabalhistas nos termos da EC n. 45/04 (art. 114 da CRFB/88). Tal deciso permitiu a condenação de uma empresa da área de ensino ao pagamento de indenização resultante de atividade intelectual por reconhecida autoria de projeto de natureza educacional, bem como aos danos morais consequentes de um imbróglio causado por ocasião da rescisão contratual deste mesmo empregado-autor. Houve o reconhecimento da produção intelectual, pelas características profissionais do autor por suas reconhecidas atividades acadêmicas prestadas a outras entidades correlatas, sempre, constituídas em seus efeitos trabalhistas.

Em contrário senso, a 4ª Turma do Tribunal Superior do Trabalho em acórdão recente[50] rejeitou recurso de engenheiro que pleiteava direitos de invenção por ter criado programa de computador para a empresa em que trabalhava. Em decisão relatada pelo ministro Fernando Eizo Ono, o TST confirmou a decisão das instâncias ordinárias, que entenderam seria o *software* uma mera ferramenta de trabalho e não um programa independente que pudesse ser explorado para gerar dividendos. Ao negar provimento ao recurso apresentado pelo engenheiro, o ministro afirmou que a proteção da propriedade intelectual dos programas de computador é tratada pela chamada Lei do *Software* (Lei n. 9.609/98). Esta referida legislação abarca as criações pertencentes ao empregador e as que resultam bônus ao empregado. Esta lei não trata da propriedade em comum da invenção, também chamada "invenção casual" em que o direito à exploração é exclusivo do empregador e assegurada ao empregado à justa remuneração, como parcela na contribuição dos frutos do invento. A propriedade intelectual, somente, será do empregado quando ele desenvolver um projeto que não tenha ligação com o contrato de trabalho, utilizando recursos próprios.

Na oportunidade, o engenheiro paulista pediu indenização de US$ 120 mil pela invenção de um programa de computador denominado *Colossus*, que foi utilizado pelo Grupo Automotivo Borgwarner com matriz em *Michigan* (EUA) e filial no Brasil onde havia trabalhado por 21 anos e, após ser dispensado por justa causa, ingressou na Justiça do Trabalho.

A ação foi julgada improcedente pela 2ª Vara do Trabalho de Campinas e a sentença, confirmada pelo Tribunal Regional do Trabalho da 15ª Região (Campinas). Em primeiro grau de jurisdição, a sentença se baseou na legislação relativa à propriedade intelectual, em face da ausência de dispositivo próprio na legislação trabalhista. Nos autos do processo, o engenheiro afirmou que desenvolveu o *Colossus* em razão de dificuldades de uso e operação do *software Magnus*, fornecido pela empresa catarinense *Datasul*. Segundo

---

(50) Processo — TST — AI-RR N. 125/2004-032-15-40.9.

seu depoimento, a criação do *Colossus* consumiu 11 meses de dedicação do empregado não só na sede da empresa, como também durante a noite e fins de semana. Sustentou, ainda, que o programa passou a ser utilizado em todas as áreas como instrumento de consultas rápidas aos dados de produção, engenharia, manutenção, processos, projetos industriais e estoque.

Porém, durante a instrução processual verificou-se que o programa foi desenvolvido no horário de trabalho, com equipamentos e recursos da empregadora para aprimorar e agilizar o trabalho dos empregados subordinados ao próprio autor da causa, então, responsável pelo cumprimento do programa de produção. A sentença afirmava que não havia registro da propriedade, ressalve-se, o que não inibe a tutela. Mas reforça a conclusão de ser um programa de propriedade da empresa quando aduz: "o legislador talvez não tenha dado o mesmo tratamento às invenções de programas de computador porque tais inventos, devido à velocidade e frequência nas inovações no mundo globalizado e virtual, mostram-se muitas vezes como mera ferramenta de trabalho, utilizada para incrementar e agilizar os sistemas produtivos, em qualquer área de atuação, não tendo razão de ser fora do ambiente de trabalho".

Por derradeiro, registra-se a polêmica quanto ao desenvolvimento de programas de *software* que, pelo mero desenvolvimento técnico de uma criação já existente, podem não ser considerados como elemento característico da invenção.

# CONCLUSÃO

Em recente entrevista à Revista *Veja*[51], *Eric Maskin*, vencedor do prêmio Nobel de Economia em 2007, também Ph.D em matemática por Harvard e atual pesquisador do Instituto de Estudos Avançados de Princeton nos EUA, afirmou que "a lei de patentes americana desacelerou o ritmo de inovação em certas áreas da tecnologia e concluiu que as imitações — por vezes — são fundamentais". Assevera, ainda, o nobre pesquisador que a atividade criativa é um negócio rentável que vale para algumas áreas do conhecimento, mas nem sempre são compatíveis com a diversidade e a inovação decorrentes dos *softwares* ou, até mesmo, no caso dos remédios como ocorreu durante o Governo FHC que permitiu a "quebra de patentes" em favor da saúde mundial. A Lei da Propriedade Intelectual, em especial, no seu § 2º do art. 91 assegura exclusividade da exploração de um invento ao empregador e garante ao inventor o direito a uma "justa remuneração" e essa contraprestação atende aos critérios objetivos que não dependem da vontade do empregador e que se afiguram como uma espécie de *royalties*, ou seja, dos valores que cabem aos casos em que há uma cessão ou licença de direitos de propriedade industrial. Essa mesma contraprestação não é decorrente da legislação do trabalho e nem mesmo é assim caracterizada porque não se origina numa prestação de serviço e sim do uso de uma marca, patente, enfim, de um regime patrimonial de terceiro porque o invento é interpretado como propriedade e não pode referenciar como base de cálculo uma determinada remuneração e nem mesmo salário, pois essa valoração se traduz pelos resultados e do valor intrínseco do invento que, sempre, terá características de natureza mercantil. Não se pode olvidar que a legislação do trabalho é positiva quanto aos indicadores da remuneração (art. 457 da CLT) afirma *Martins Catharino*[52] e a conceitua como um gênero e não espécie, como se interpreta o salário. Na verdade, tal interpretação se verifica pelas gorjetas que são frutos extraídos de ganhos que não se podem limitar ao salário, visto que percebidos pela espontaneidade de alguém que resolve presentear pelo trabalho realizado e que não se origina de pagas por parte do empregador, também, que não podem ser contabilizadas para esses efeitos

---

(51) VEJA, Editora Abril, em 26 de março de 2008, páginas amarelas.
(52) CATHARINO, José Martins. *Tratado jurídico do salário*. São Paulo: Edusp/LTr, 1994.

já que não há como mensurá-las ou mesmo obrigar ao obreiro restituí-las ou apresentá-las para contabilidade do empregador. O juslaborista *Sergio Pinto Martins*[53] a define como um conjunto de retribuições recebidas, habitualmente, pelo empregado como resultado da prestação de serviços que pode se materializar como dinheiro ou presentes provenientes de terceiros que, sem dúvida, se origina num contrato de emprego[54] *lato sensu* a remuneração, como gênero, e o salário, como espécie, objetivam o pagamento de um trabalho realizado pelo empregado e a "remuneração" que se refere à Lei de Propriedade Industrial não se orienta nem permite essa conotação ao termo *supra*, pois evidencia um valor em razão da licença exclusiva que é conferida ao empregador porque salário não se confunde com os direitos autorais ou os direitos de invenção como cita o mesmo *Sergio Pinto Martins*"[55], portanto *exclusivos da relação civil e mercantil mesmo que originário de uma relação de emprego* (grifo nosso) e tal qual se firma, não será interpretada como verba de natureza trabalhista e terá um sentido de *royalties*, comercial. Esses valores serão pagos como resultados da exploração exclusiva do empregador vinculados ao contrato de emprego, mas sujeitos à exploração comercial.

Entendem-se como ganhos diretos aqueles que resultam da venda do produto ou consignado a aplicação do processo patenteado e dos lucros decorrentes da redução de custos que resultarem da aplicação da invenção ao processo produtivo e, nesse diapasão, como o empregador arcará com todas as despesas na exploração do invento, os referidos ganhos serão deduzidos dos gastos que se originaram da invenção e o bônus amealhado pelo empregador com o licenciamento a terceiros podem ser traduzidos como indiretos já que não se traduzem pela criação e sim pela capacidade de administração do bem com seu licenciamento. Observa-se que o § 2º do art. 88 da Lei n. 9.279/96 conduz ao requerimento da patente depois de extinto o contrato de emprego e assevera que, salvo prova em contrário, consideram-se desenvolvidos na vigência do contrato a invenção ou o modelo de utilidade, cuja patente seja requerida pelo empregado até um ano após a extinção do vínculo empregatício e, ressalve-se, que se aplicam às invenções mistas em que a propriedade da invenção é comum às partes (empregado e empregador) em que se verifica após a explanação dos inventos realizados por empregados e assegura o empregador com a proteção para extinção dos direitos advindos do contrato de emprego firmado com o empregado no que concerne à propriedade industrial na concepção linear de *Célio Goyatá*[56].

---

(53) MARTINS, Sergio Pinto. *Direito do trabalho*. 24. ed. São Paulo: Atlas, 2008.
(54) CATHARINO, José Martins. *Op. cit.*
(55) MARTINS, Sergio Pinto. *Op. cit.*
(56) GOYATÁ, Célio. *Contrato individual de trabalho e as invenções do empregado*. Tendências do direito do trabalho contemporâneo. São Paulo: LTr, 1980. v. II, p. 432-450.

Logo, deduz que o empregado-inventor que desenvolver uma criação de serviço que pertence ao empregador e se desligue da empresa, requerendo patente em seu nome ou até inicie outra atividade de trabalho na concorrente, restará o prazo de um ano como razoável, observando o interesse em esclarecer o momento em que houve a atividade inventiva para que se constitua o direito e, como tal, deverá ser definida como fases de um processo que exigirá a detecção do problema, com a busca de dados e soluções preexistentes, como também a descoberta do ato criativo, sem contabilizar uma simples dedução lógica e uma sólida verificação prática da solução encontrada e da sua adequação às necessidades e às condições do mercado, afirma *Nuno Carvalho* em seus estudos sobre o tema[57].

Entrementes, para se chegar a uma resposta conclusiva da questão da invenção que realizada em uma empresa se sucede em benefício de outra para onde o empregado-inventor se transferiu, torna-se curial a interpretação do mote quanto à capacidade de registrar o momento da atividade inventiva que caracterizará o surgimento da invenção, remetendo a segunda etapa esta atividade inventiva já que a invenção é um ato conceptivo que resulta de uma criação e, como mesmo foi prospectado, se origina no decurso do contrato de emprego com a empresa que sucedeu e onde, verdadeiramente, o empregado consignou a solução do problema. Por derradeiro, se o ex-empregado depositou o pedido de patente dentro de um ano após a extinção do vínculo empregatício, denota-se a existência de uma presunção *juris tantum* em favor do ex-empregador e caso tenha sido depositado após um ano essa mesma presunção será interpretada em favor do ex-empregado.

Quanto à vinculação a uma justa contribuição por parte do empregado-inventor, de forma tímida, a Lei n. 9.279/96 sugere ao empregador premiar aquele que criou um invento de serviço no setor privado e, mesmo essa premiação sendo de caráter facultativo, resta o reconhecimento de o empregador estimular a inventividade e, consequentemente, a produtividade. Assim, provocará uma conscientização no sentido de bonificar um empregado que inventa durante o pacto laboral.

Por paradoxal, observa-se que esse procedimento de reconhecimento da capacidade inventiva do empregado é comum na Administração Pública, em que a premiação é obrigatória. Nesse aspecto, a legislação foi capaz de promover o intelecto humano em favor da população com a consciência que o legislador deve ter seguido viés que caracterize os inventos oriundos do setor público como fulcrais para a *res* pública, ou seja, que se bonifique aquele que constrói em favor de todos. No entanto, não há justificativas para

---

(57) CARVALHO, Nuno Tomaz Pires. Os inventos de empregados na nova lei de patentes II, p. 13.

ignorar a proteção à criação diante dos interesses socioeconômicos adotados pela legislação da propriedade industrial que não reconhece válida a bonificação da capacidade criativa diante dos desafios impostos pelo atual desenvolvimento tecnológico. Esse futuro próspero se construirá, principalmente, pela capacidade intelectual dos brasileiros submetidos ao constante conhecimento de novas fontes de recursos e de inúmeros equipamentos que serão utilizados para absorção dos recursos naturais e da biodiversidade. Claro, esses novos paradigmas que descrevemos em um capítulo anterior correspondem ao desenvolvimento humano e à qualificação de mão de obra para enfrentar as novas tecnologias que nos serão impingidas pelo mundo moderno e pelas nossas próprias concepções. Se há uma legislação capaz de negar o reconhecimento da capacidade criadora para remeter a um determinado empregador o singular bônus resultante da criação, sem dúvida, os que estiverem vinculados à máquina produtiva e nela atuando como empregados não se sensibilizarão, jamais, em contribuir com a criatividade caso esta não seja muito bem reconhecida e compensada como se espera.

Para tanto, fruto de um considerável sistema vetusto e ultrapassado, se construiu uma legislação que, em 1979, não vislumbrava essas novas imposições nem mesmo seria capaz de absorver esse modelo flexível de contratação e os novos conceitos de pactuar para que as partes possam obter vantagens produtivas. Também, decorrente de uma legislação de 1943, na qual nem mesmo havia a indústria reconhecida como importante meio de produção de um país e vivenciando questões extraídas das atividades braçais e de determinadas profissões hoje extintas, em ambas as leis, verificam-se incapazes de promover o intelecto como propulsora do desenvolvimento e, portanto, sujeitas a mudanças imediatas e consideráveis para evitar a evasão dos valores humanos.

As propostas devem se concretizar com estímulo à criação por meio da autonomia contratual ou pela via legislativa capazes de promover a contraprestação salarial do empregado na invenção.

# REFERÊNCIAS BIBLIOGRÁFICAS

ABDALA, Vantuil. Invenção durante o contrato de trabalho, direitos do empregado e empregador; competência judicial. *Revista do Tribunal Superior do Trabalho*. São Paulo: LTr, 1991.

BARBOSA, Antônio Luiz Figueira. *Sobre a propriedade do trabalho intelectual* — uma perspectiva crítica. Rio de Janeiro: UFRJ, 1999.

BARROS, Alice Monteiro de. *Curso de direito do trabalho*. 5. ed. São Paulo: LTr, 2009.

BLANCO JIMENEZ, Araceli. *Protección jurídica de las invenciones universitarias y laborales*. Madri: Aranzadi Editorial, 1998.

CARVALHO, Nuno Tomaz Pires. Os inventos de empregados na nova lei de patentes I. *Revista da ABPI*, n. 22, maio/jun. 1996.

_____. Os inventos de empregados na nova lei de patentes II. *Revista da ABPI*, n. 23, jul./ago. 1996.

CATHARINO, José Martins. *Tratado jurídico do salário*. São Paulo: Edusp/LTr, 1994.

CERQUEIRA, João da Gama. *Tratado da propriedade industrial*. São Paulo: Revista dos Tribunais, 1982. v. I e II.

DELGADO, Mauricio Godinho. *Curso de direito do trabalho*. 8. ed. São Paulo: LTr, 2009.

DI BLASI JUNIOR, Clésio Gabriel; GARCIA, Mario Augusto Soerensen; MENDES, Paulo Parente Marques. *A propriedade industrial:* os sistemas de marcas, patentes e desenhos industriais analisados a partir da Lei n. 9.279, de 14 de maio de 1996. Rio de Janeiro: Forense, 1998.

DINIZ, Maria Helena. *Curso de direito civil brasileiro*. Teoria das obrigações contratuais e extracontratuais. 3. ed. São Paulo: Saraiva, 2004. v. 3.

DUPAS, Gilberto. *Economia global e exclusão* — pobreza, emprego, estado e o futuro do capitalismo. São Paulo: Paz e Terra, 1999.

FEKETE, Elisabeth Edith K. A relação entre empregado e empregador à luz da nova lei de propriedade industrial. In: SEMINÁRIO INTERNACIONAL DE INOVAÇÃO, 01, 1997, Porto Alegre.

_____. O Regime jurídico das criações empresariais e terceirizadas. In: CONGRESSO BRASILEIRO DA PROPRIEDADE INTELECTUAL, 20, 2000, São Paulo.

FREDERICO, P. J. *Distribution of patentes issued to corporation, journal of*. P.O.S., 1996. p. 405.

FURTADO, Celso. *O capitalismo global*. São Paulo: Paz e Terra, 1998.

GOMES, Orlando; GOTTSCHALK, Elson. *Curso de direito do trabalho*. 18. ed. Rio de Janeiro: Forense, 2007.

GOYATÁ, Célio. *Contrato individual de trabalho e as invenções do empregado*. Tendências do direito do trabalho contemporâneo. São Paulo: LTr, 1980. v. II, p. 432-450.

GRAU, Eros Roberto. *A ordem econômica na Constituição de 1988*. 10. ed., rev. e atual. São Paulo: Malheiros, 2004.

LEITE, Carlos Henrique Bezerra. *Curso de direito processual do trabalho*. 7. ed. São Paulo: LTr, 2009.

LORENZETTI, Ricardo Luís. *Fundamentos do direito privado*. São Paulo: Revista dos Tribunais, 1998.

MARTINS, Sergio Pinto. *Direito do trabalho*. 24. ed. São Paulo: Atlas, 2008.

_____. *Direito processual do trabalho*. 26. ed. São Paulo: Atlas, 2008.

REALE, Miguel. *Lições preliminares de direito*. 7. ed. São Paulo: Saraiva, 1980.

ROMITA, Arion Sayão. *Os direitos sociais na Constituição e outros estudos*. São Paulo: LTr, 1991.

RUSSOMANO, Mozart Victor. *Comentários à Consolidação das Leis do Trabalho*. Rio de Janeiro: Forense, 1997.

SHERWOOD, Robert M. *Propriedade intelectual e desenvolvimento econômico*. São Paulo: Universidade de São Paulo, 1992.

SILVA, Américo Luís Martins da. *A ordem constitucional econômica*. 2. ed. Rio de Janeiro: Forense, 2003.

SILVA, José Afonso da. *Curso de direito constitucional positivo*. 28. ed. São Paulo: Malheiros, 2007.

SOARES, José Carlos Tinoco. *Lei de patentes, marcas e direitos conexos*. São Paulo: Revista dos Tribunais, 1997.

SÜSSEKIND, Arnaldo; MARANHÃO, Délio; VIANNA, Segadas; TEIXEIRA, Lima. *Instituições do direito do trabalho*. São Paulo: LTr, 2005. v. I.

# ANEXOS

# Projeto de Lei n. , xxxx de 2008

(Deputado Federal xxxxxxxxxxxxx)

*Altera o Decreto-lei n. 5.452, de 1º de maio de 1943, estabelecendo gratificação ajustada, para os empregados que promovam invenção durante o contrato de emprego sob condições específicas.*

O Congresso Nacional decreta:

Art. 1º Esta Lei altera o art. 458 do Decreto-Lei n. 5.452, de 1º de maio de 1943, que "regulamenta o Art. 5º, inciso XXIX da Constituição Federal, estabelece gratificação ajustada aos empregados que promovam invenção durante o contrato de emprego e dá outras providências", propugnando pela criação do Art. 458-A do Decreto-Lei n. 5452, de 1943, passa a vigorar com seguinte texto:

Art. 458-A — Caberá gratificação ajustada, que não será superior ao salário percebido pelo empregado, nos casos em que ficar comprovada à realização de invento ou modelo de utilidade compatível com a natureza dos serviços para os quais o empregado foi contratado e pré--avisada (por escrito) pelo inventor no prazo máximo de três meses a partir da sua concepção, sem prejuízo das prerrogativas determinadas pela Lei n. 9.279/96.

Parágrafo Único. Na rescisão do contrato de emprego, caberá indenização de 50% (cinquenta por cento) calculada sobre os valores correspondentes à gratificação ajustada que o empregado receberia no período de um ano a contar do pré-aviso da invenção. Essa indenização será reduzida em 10% (dez por cento) por cada ano decorrido, que integrará o salário para todos os efeitos legais.

Art. 3º Esta Lei entra em vigor na data de sua publicação.

### JUSTIFICAÇÃO

Em consequência da interpretação paradoxal da Lei de Propriedade Industrial — em especial — no que concerne aos inventos não pertencerem ao autor se extraídos no decurso de um contrato de emprego e, consequentemente, pela ausência de comando legal expresso no Texto Consolidado, ainda, porque revogado o Art. 454 pela Lei n. 5.772/71 e decorrente da omissão do legislador em discutir com mais propriedade questão tão delicada e controvertida, firma-se necessário a introdução de norma protetora que defenda a inteligência humana e incentive o intelecto dos que pretendem criar e inventar no país.

Com advento das novas descobertas do pré-sal (petróleo), gás, biocombustíveis e da implantação dos polos de inovação que tomaram o Brasil nesses últimos anos, verifica-se uma forte e inusitada fonte de recursos minerais disponíveis e, por consequência, acentuada carência de capital humano com capacidade de administrar esses ecossistemas disponibilizados pela natureza. O país será impingido a assumir a responsabilidade de explorar esses recursos e disponibilizá-los para humanidade, mas terá que assumir seu papel de nação desenvolvida e capaz de utilizar sua própria mão de obra nessas atividades.

Hoje, não dispõem de condições técnicas, intelectuais e nem logísticas para tanto. Ademais, assiste seus cientistas evadirem para outros países na busca de melhores salários e condições de trabalho.

Assim, o país se depara com um processo de inevitável colapso caso não tome — imediatamente — iniciativas necessárias para a criação de um grande sistema nacional de qualificação de recursos humanos e de recuperação dos profissionais que restou perdendo para o mundo moderno durante os vários anos de estagnação econômica que sucederam por regimes populistas, militares e neoliberais ineficientes.

Será necessário criar uma nova ordem educacional capaz de oferecer ao mundo a certeza de que estará disputando a condição de país desenvolvido e preparado para recepcionar os avanços decorrentes desses "novos paradigmas do trabalho" que, ao serem lançados como desafios pela natureza à frente dos nossos olhos e mentes, restará por nos conduzir ao "pódio olímpico" para dividir com EUA, Europa, Canadá, Asiáticos e Japão as benesses decorrentes do sucesso como um país de primeiro mundo. E, só por meio de um novo pacto estabelecido pela sociedade, governo, investidores e sócios de mercados globalizados (MERCOSUL e ALCA), o Brasil poderá superar os desafios para construção de uma renovada casta de "iluministas" que possam escrever um novo capítulo na história na direção de um futuro próspero e sustentável, também econômica e socialmente viável.

Não há justificativas que possam desculpar a ausência de um preceito legal que pudesse defender e manter uma nova concepção de "iluministas contemporâneos" para enfrentar os desafios tecnológicos que nos esperam. Se há um interesse socioeconômico envolvido que possa ter levado a lei de propriedade industrial permitir que o empregado inventor não tivesse direito a receber uma obrigatória bonificação pela sua capacidade criativa este, certamente, cairia por terra diante dos mais novos desafios que o país atravessará por diante no campo das pesquisas, descobertas e demais frentes de desenvolvimentistas. Esse futuro próspero se construirá, principalmente, pela capacidade intelectual dos brasileiros que estarão sendo submetidos ao constante e renovado conhecimento das mais desafiadoras e inovadoras fontes de recursos e de inúmeras máquinas e equipamentos que serão utilizados, principalmente, para extração dos recursos naturais resultantes da grande biodiversidade acolhida em nosso continente. Claro, esses novos paradigmas que descrevemos em um capítulo próprio correspondem ao desenvolvimento humano e a qualificação de mão de obra para enfrentar as novas tecnologias que nos serão impingidas pelo mundo e pelas nossas próprias concepções e criações que serão cada vez mais constantes e rotineiras. Mas se há uma legislação capaz de negar as elevadas preposições de reconhecimento da capacidade criadora e inventiva do ser humano, para remeter a um determinado empregador o singular bônus resultante da criação e da invenção, sem dúvida, aqueles que estiverem vinculados à máquina produtiva e nela atuando como empregados não se sensibilizarão, jamais, em contribuir com a criatividade caso esta não seja muito bem reconhecida e recompensada como se espera.

Para tanto, fruto de um considerável sistema vetusto e contraditório se construiu uma legislação que, em 1979, não vislumbrava essas novas imposições e nem mesmo seria capaz de absorver esse modelo flexível de contratação e os novos conceitos de pactuar para que as partes possam obter vantagens produtivas. Também, decorrente de uma legislação de 1943 na qual nem mesmo havia a indústria reconhecida como importante meio de produção de um país e vivenciando questões extraídas das atividades braçais e de determinadas profissões hoje extintas, em ambas as leis, não se verificam prospecções capazes de promover o intelecto como mola propulsora do desenvolvimento e, portanto, sujeitas a mudanças imediatas e consideráveis para evitar a evasão dos valores humanos e do capital intelectual agregado.

E, para que a mudança seja capaz de delinear um novo modelo de estímulo à invenção, caberá promover um elo entre a produção acadêmica e a produção legislativa que permita a criação de um projeto de lei no sentido de oferecer uma espécie de contraprestação compulsória decorrente do contrato de emprego e que o invento criado nesse ambiente possa referendar a manutenção dos empregados que desejam contribuir com o capital intelectual em favor do capital produtivo, bem como dessa união reste consignada a vontade constante e perpétua de criar e inventar que — por diante — será premiada pela forma mais justa e moral de reconhecimento, sempre, em troca do pão nosso de cada dia e das fontes de recursos materiais indispensáveis para sobrevivência e, porque não, para manutenção dos esforços intelectuais no país.

Diante da alta relevância social do projeto de lei aqui apresentado, conta-se, desde já, com o pleno apoio dos Senhores Parlamentares para sua rápida aprovação.

Sala das Sessões, em ........................ 2008.

Deputado Federal ....................

Partido/RJ

# Contrato Individual de Emprego

Pelo presente instrumento, firma-se de acordo com a lei e a consensualidade entre as partes:

.................................., (nacionalidade), (estado civil), (profissão), titular do CPF n. (XXXX), RG (XXXX), residente à Rua (endereço) que por força do presente contrato passa a ser simplesmente denominado **EMPREGADOR** ; e

.................................., (nacionalidade), (estado civil), (profissão), titular do CPF n. (XXXX), RG (XXXX), CTPS (número) , residente à Rua (endereço) doravante designado **EMPREGADO**;

nos termos do **CONTRATO INDIVIDUAL DE EMPREGO**, sob a tutela das seguintes cláusulas:

### I. Cláusula — Cargo, Função e Remuneração

O **EMPREGADO** obriga-se em disponibilizar seus serviços vinculados ao quadro de funcional do **EMPREGADOR** para o cargo de ..................................................., exercendo as funções de .................................., mediante a paga salarial de R$ ............... (..................) que será quitada, mensalmente, até o 5º (quinto) dia útil do mês em moeda corrente ou depósito bancário em instituição indicada pelo **EMPREGADOR** denominada "conta salário".

### II. Cláusula — Jornada de Trabalho

O **EMPREGADO** cumprirá uma jornada de trabalho de 08 (oito) horas diárias, iniciando suas atividades as 8:00 h e encerrando às 17:00 h, com intervalo de uma hora para almoço, não havendo expediente aos sábados e domingos.

**Parágrafo Único**. No caso de opção pelo trabalho extraordinário, as horas suplementares serão pagas na forma do Art. 59 da CLT e dos incisos XII e XVI do Art. 7º da CF ou sob a tutela do regime de compensação, observando-se os repousos correspondentes.

### III. Cláusula — Transferências

O **EMPREGADO** prestará seus serviços no local da celebração do Contrato de Emprego ou em qualquer outra localidade do Território Nacional ou no exterior, nos termos do Art. 469, da Consolidação das Leis do Trabalho e leis adjacentes.

### IV. Cláusula — Invenção ou Modelo de Utilidade

Quando o **EMPREGADO** promover invenção ou desenvolver modelo de utilidade durante o **CONTRATO DE EMPREGO**, em conformidade com a natureza dos serviços para os quais foi contratado, o **EMPREGADOR** será obrigado a pagar **GRATIFICAÇÃO AJUSTADA** que não será superior ao salário percebido pelo **EMPREGADO** até a rescisão do presente termo, salvo acordo em contrário firmado pelas partes.

**§ 1º Parágrafo.** O **EMPREGADO** será obrigado comunicar o **EMPREGADOR**, por escrito, no prazo de três meses a partir da concepção da invenção ou modelo de proveito.

**§ 2º Parágrafo.** Na rescisão do contrato de emprego, caberá indenização de 50% (cinquenta por cento) calculados sobre dos valores correspondentes a gratificação ajustada que o empregado receberia no período de um ano a contar do pré-aviso da invenção. Essa indenização será reduzida em 10% (dez por cento) por cada ano decorrido, que não integrará o salário para todos os efeitos legais ou poderá ser estabelecida a participação direta do empregado sobre o direito de exploração da patente em acordo estipulado entre as partes.

### V. Cláusula — Disposições Gerais

O **EMPREGADO** compromete-se a respeitar o regulamento da empresa, mantendo conduta urbana no ambiente de trabalho e sujeitar-se-á às normas expressas no presente termo e outras que advirem de acordos ou convenções e das sentenças normativas oriundas de dissídios coletivos de trabalho.

E por estarem de acordo com os termos ajustados pelo presente, firmam este instrumento subscrito por 02 (duas) testemunhas para o cumprimento das formalidades exigidas por direito e de conformidade com as leis vigentes do país.

_____(local), __(dia) _____, (mês), _____ (ano).

_____
EMPREGADOR

_____
EMPREGADO

**Testemunhas:**

_____

_____

## 2ª Vara do Trabalho da Cidade do Rio de Janeiro-RJ

Processo n. 00194-2007-002-01-00-5 — TRT/1ª Região

### ATA DE AUDIÊNCIA

Aos 19 dias do mês de janeiro do ano de dois mil e nove, 15h, na sala de audiências, na presença desta Juíza, Raquel Rodrigues Braga, foram apregoados os litigantes, **XXXXXXXX**, reclamante, e **YYYYYYYYYYYYYYYY**, reclamada.

Ausentes os litigantes.

Observadas as formalidades legais, foi proferida a **SENTENÇA**.

### II. AS PROVAS DOS AUTOS E O DIREITO POSTULADO

O autor, Professor de Direito do Estado do Rio de Janeiro, Mestre, Doutor e Livre-Docente em Direito, escritor, com atuação como Procurador Federal da UFRJ — Universidade Federal do Rio de Janeiro, Procurador do Instituto Nacional de Propriedade Industrial, Consultor Jurídico do Ministério das Telecomunicações, da Educação e Cultura e Secretário Nacional de Direito Econômico do Ministério da Justiça, exerceu, ainda, os cargos de Diretor de Pesquisa Jurídica da Fundação Casa de Rui Barbosa, Delegado do Ministério da Educação do Estado do Rio de Janeiro, Representante do Ministério da Cultura e Professor Titular da Universidade Federal do Rio de Janeiro.

O autor foi Fundador e Diretor Interino da Escola de Direito da UNIRIO; elaborador do Processo de Credenciamento e Organização do Curso de Mestrado em Ciências Jurídicas da PUC/RJ junto ao MEC; e Membro da comissão de Elaboração do Projeto de Reforma do Curso de Direito da Faculdade de Direito Cândido Mendes.

Os documentos denotam o reconhecimento do autor como uma autoridade brasileira em ensino jurídico, bem como ter o autor elaborado vários projetos de reformulação do ensino jurídico e criação de novos cursos de Direito, contando como seu último projeto a elaboração do Curso de Direito da ré, YYYYYYYYYYYYYYYYYY.

Nesse passo, vamos à segunda indagação — **O autor tem o direito de ver declarada a sua autoria do Projeto que, se negada, concede a ele o direito de resistência no que se refere à homologação de resilição?**

A reclamada é pessoa jurídica de direito privado conforme seus estatutos, fls. 60/75, e, nesse passo, é poder diretivo dos seus dirigentes a nomeação dos ocupantes de um ou outro cargo...

Todavia, o direito do autor de ver reconhecida a paternidade do Projeto nasceu com a sua obra e do próprio ato criador. A criação intelectual tem natureza moral e está inserida no direito da personalidade, classificação de Carlos Alberto Bittar, na Obra *Os Direitos da Personalidade*.

O demandante exigiu da reclamada uma proteção do seu direito, na qualidade de criador intelectual, liame pessoal que resulta do ato criativo, nem se trata de reivindicação econômica, mas de natural reconhecimento da autoria do Projeto.

**Diga-se que a obra intelectual produzida em cumprimento ao contrato de trabalho tem a propriedade pertencente a ambas as partes, mas não se pode negar o direito autoral.**

A demandada, ao violar o direito do autor, com a negativa de autoria do Projeto, contrariou o regramento nacional e internacional. No Plano Internacional, há os deveres de conduta que acompanham as relações contratuais e são denominados como deveres anexos (*"Nebenpflichten"*), deveres que surgiram da observação da jurisprudência alemã ao visualizar que o contrato, enquanto fonte imanente de conflitos de interesses, deveria ser guiado e, mais ainda, guiar a atenção dos contraentes conforme o princípio da boa-fé nas relações.

Dever aqui significa a sujeição a uma determinada conduta, sujeição esta acompanhada de uma sanção para as hipóteses de descumprimento.

A Lei Brasileira, n. 9.610, de 19 de fevereiro de 1998, que altera, atualiza e consolida a legislação sobre direitos autorais e dá outras providências, assim dispõe:

*art. 13. Considera-se autor da obra intelectual, não havendo prova em contrário, aquele que, por uma das modalidades de identificação referidas no artigo anterior, tiver, em conformidade com o uso, indicada ou anunciada essa qualidade na sua utilização...*

*art. 24. São direitos morais do autor:*

*I — o de reivindicar, a qualquer tempo, a autoria da obra; ...*

Dito isto, o ato de o autor não realizar a homologação do contrato de trabalho pelo fato de a reclamada ter se recusado a reconhecê-lo como autor do Projeto de Curso de Direito da YYY, como ficara comprovado por todos os elementos examinados nos autos, é direito, inconteste, de resistência.

Na lição de *Marcio Túlio Viana*, tal como acontece com os *ius variandi* — do qual é contra face — o *ius resistentiae* se exerce com certo grau de discricionariedade. É o empregado quem identifica a violação de seu próprio direito e elege a solução ótima, dentre as várias opções possíveis.

O Direito de resistência não significa retaliação, mas proteção, e o autor agiu de forma lícita ao vincular a resilição ao reconhecimento da autoria do Projeto.

Desse modo, o não reconhecimento de ser o demandante o autor do Projeto impossibilitou a homologação dos haveres resilitórios, o que significa ter a reclamada dado causa ao atraso, concorrendo com culpa.

Por fim, o último questionamento — **O não pagamento das verbas resilitórias, na data da audiência, na fl. 126, em 23.05.07, redundou em danos morais para o demandante, dispensado em fevereiro de 2005?**

A reclamada deu azo a resistência do autor em não homologar a resilição, pois não reconhecera a autoria do Projeto formulado por ele, portanto concorreu com culpa para o atraso do pagamento das verbas resilitórias.

Ante o exposto e a ausência do ajuizamento da Ação de Consignação em Pagamento, devida, pela reclamada, a multa prevista no art. 477 da CLT, alínea "f", na fl. 28, da inicial.

A reclamada, segundo as alegações do autor, procurou evitar o referido processo, anteriormente ao seu afastamento, com conselhos para o não ajuizamento da ação, mas oferecendo uma proposta de indenização ...

O reclamante apontou o constrangimento oriundo da situação, o que o fez propor uma conciliação amigável e, em 09.10.2006, encaminhou uma notificação extrajudicial, documento na fl. 38, dirigida ao Presidente da reclamada ...

O constrangimento fora agravado, segundo o autor, pelo fato de ter ouvido dos advogados e/ou empregados que representavam a reclamada a consideração de ser ele mero "despachante", com a desqualificação de suas qualidades intelectuais, profissionais e de *expert*.

Destacou, como última tentativa de composição amigável, a nova correspondência ao Gerente do RH, em 24.01.2007, sem que obtivesse resposta.

A cronologia dos fatos extraídas das peças processuais induzem no desgaste do tratamento da instituição para com o autor, pois aprovado o Projeto, sem dúvida, no qual atuou como mentor intelectual e responsável pelos trâmites de aprovação legal, não teve o destaque que merecia, ao contrário, fora tratado com escárnio e desprezo, o que culminou com a dispensa e todos os atos já assinalados nos autos, confirmados no depoimento preciso e detalhista de fls. 722/723.

A peça de fls. 703/708 deu continuidade ao tom de desconsideração e desrespeito ao catedrático, traz expressões dirigidas ao autor tais como: "show de esperteza"; e "comparecer ao circo que o Reclamante pretende criar".

Não se pode admitir, e mais ainda na cátedra, entre educadores, a ausência do reconhecimento intelectual e o desrespeito à dignidade humana.

A reclamada, formadora de opiniões, de técnicos e no papel de educadora tem o dever precípuo de manter um saudável ambiente do trabalho, primar pela conciliação e estabelecer um ritual com maior formalidade para a dispensa. Afinal, lida com autoridades de notório saber que resistem ao perceberem que são tratados como meros fatores de produção.

**Fora de questão o aspecto de ser esta Justiça competente para apreciar o pedido de dano moral que tem como nascedouro o contrato de trabalho, pois tal relação favorece a ocorrência tanto de dano patrimonial, como ataque a bens personalíssimos (honra e dignidade).**

Existindo, por parte do empregador ou empregado, dolosa ou culposamente dano moral ou patrimonial, decorrerá a obrigação do ressarcimento, consoante o teor do art. 159 do Código Civil.

A agressão à dignidade do autor fora configurada nos autos, tanto pelo depoimento da testemunha, nas fls. 722/723, como na ausência do reconhecimento da autoria do Projeto, objeto da lide.

Não há necessidade de conjecturar sobre os danos morais advindos do não pagamento das verbas resilitórias, total de R$ 28.498,33 reconhecidos pela reclamada como devidos. Ausência de recurso financeiro imprescindível para a sobrevivência, com relevo, para o fato, sabido pela reclamada, de não gozar o autor, à época, de bom estado de saúde.

Procedente a alínea "g", na fl. 28, da inicial, pagamento de danos morais no valor pedido de R$135.000,00 ...

## III — DISPOSITIVO

Posto isto, e diante do que consta dos autos, declaro a extinção, com julgamento do mérito, nos termos do art. 269, II, do Código de Processo Civil — CPC; de utilização subsidiária autorizada pelo art. 467 da CLT, a alínea "b", na fl. 27, da inicial.

Julgo **PROCEDENTES** os pedidos, com a condenação da reclamada **YYYYYYY**, ao pagamento ao autor, **XXXXXXXXXXXXXXXXXXX**, as alíneas "c", adicional por tempo de serviço; alínea "d", dois últimos meses de salário; "e", indenização especial; "f", a multa prevista no art. 477 da CLT; e "g", indenização por danos morais ...

Custas de R$4.200,00 pelo sucumbente, calculadas sobre o valor de R$210.000,00.

Publique-se e intimem-se.

*Raquel Rodrigues Braga*
Juíza do Trabalho